はじめての大乗仏教

竹村牧男

講談社現代新書

2764

まえがき

仏教は日本に伝わって以来、一千五百年ほどの歴史を有しています。釈尊在世時から数えると、おおよそ二千五百年ほどの歴史があるということにもなります。この間、仏教思想は広く深く発達・展開し、高度な哲学思想を形成してきました。特にあらゆる実体的存在を否定する空の思想、また縁起という関係主義的世界観は、現代文明を主導する欧米の近代合理主義、主客二元論・要素還元主義を基本とする科学的世界観などを補正するものとして、広く世界中で注目されています。

そうした豊かな思想体系、いわば心の世界遺産としての仏教は、ひじょうに価値のあるものと思われますが、その内容の詳細については、必ずしもよく知られてはいないのが実情でしょう。大乗仏教の思想のなかには、あらゆる存在が永遠の本体を持つものではないこと（一切法空）、自己と他者は本性において同一であり（平等性）、かつ相互に関係しあい支え合っていること（縁起）、すべての人が本来の自己を実現していく道であること、自己の救い以上に他者の苦悩の解決をめざすこと等々、たいへん高度な思想が豊かに説かれていますが、それらの思想は必ずしもよく知られていません。

　確かに日本では、聖徳太子《しょうとくたいし》以来、大乗仏教の研鑽が積まれてきました。奈良時代、三論宗《さんろんしゅう》（般若中観の教え）、法相宗《ほっそうしゅう》（唯識の教え）、華厳宗《けごんしゅう》（『華厳経』に基づく教え）などが研究され、平安時代には、『法華経』を所依とする天台宗《てんだいしゅう》と、『大日経《だいにちきょう》』、『金剛頂経《こんごうちょうぎょう》』を所依とする真言宗《しんごんしゅう》が成立し、鎌倉時代には、浄土、禅、法華の新仏教も誕生しました。それらは、日本人の精神史を支えたのみでなく、建築・庭園・絵画・工芸・音楽・文芸等、さらには、華道・茶道・武道等、あらゆる文化を形成しています。数々の優美な仏像は、今も人びとの心を捉えてやみません。仏教は日本の思想・学芸・文化に深く浸透し、大きな影響を与えています。

　そのように日本仏教は、インド・中国にて発達した大乗仏教の学問と文化を継承し、また独自に発展させたものであるわけですが、実際にはさまざまな宗派に分かれていて、それらに共通の人間観・世界観は隠れがちです。しかもその教えは念仏、坐禅、唱題等、簡潔な行法に集約・収斂されていて、その背景にある大乗仏教としての本質と意義は見失われがちである、といった傾向があるように思われます。

　そこで本書では、大乗仏教は全体として基本的にどのような特質を有しているのか、その意義はどこにあると考えられるのかなどについて、私なりにまとめてみた次第です。

本書の各章の内容とその順序の意図等について、あらかじめ若干、説明しておきます。はじめの第一章「宗教とは何か」において、まず仏教の思想を探究するにあたって、そもそも宗教とはどのようなものなのかを一覧しています。私は、宗教の本質を「己事究《こじきゅう》明《めい》」（自己とは何かの究明）にあると思っているのですが、そのことを西田幾多郎《にしだきたろう》の宗教哲学の説述をもとに説明しています。

第二章「大乗仏教が日本に来るまで」は、仏教全体のなかでの大乗仏教の位置づけと、各宗派の展開のようすを描いています。簡略なものではありますが、日本仏教の由来も、ある程度解るかと思います。

第三章「迷いの構造」は、仏教は一切皆苦《いっさいかいく》とも説くわけですが、そのように人間が苦しみを持つ背景にある迷いの様相、顚倒妄想《てんどうもうぞう》（事実とはさかさまの誤った見方）をかかえている実情を、言語や認識の構造の分析から解明します。本来、時々刻々変化していく現象世界に対して、我ともの（法）の、常住の本体をもつ実体的存在があると錯覚し、それらに執着することによって苦しみが生まれるというのです。

第四章「世界の分析」は、それらの迷いの認識の基盤にある現象世界の実質はどのようなものであるのかを、主に唯識思想の五位百法《ごいひゃっぽう》の分析をもとに説明します。そこには、色《しき》法《ほう》（物質的な存在）や不相応法《ふそうおうぼう》（物でも心でもない存在）も分析されているのですが、それらが唯識ということと矛盾しない事情も説明します。

第五章「縁起ということ」は、その現象世界のあり方を、仏教は縁起の世界と説明したわけで、その縁起ということの内容について尋ねています。縁起とは、因と縁とが合わさって果があるという思想で、関係主義的世界観ということができます。しかしその関係ということの内実はどのようなものであるのかは、案外、深く問われてはいないように思われます。このことについては、華厳宗の洞察にたいへん深いものがありますので、その内容をできるだけ詳しく紹介します。

第六章「生死輪廻《しょうじりんね》のしくみ」は、仏教が、本来的な現象世界のうえに迷いの認識を重ねることによって、結局、生死輪廻していくと説いていることを採り上げ、では生死輪廻とはどのようなことなのか、仏教の説くところを確認しています。はたして実際に輪廻があるのか、現代においては信じられることではないかもしれません。ただ、死んでから来世の受生までの間に、中有《ちゅうう》という期間があること、臨終時において起こす貪愛《とんあい》に輪廻を促進する作用があることなどの説は、仏教文化を理解するうえで知っておいてよいのではないかと思われます。

第七章「仏と成るとは」は、仏教が説く仏とは何なのか、仏という存在の内容を確認するものです。迷いの闇路をさまよう生死輪廻をどう翻していくか、それには修行が求められるのですが、では修行してどこにたどり着くのか、そのことを先に見ておこうというわけです。大乗仏教では、誰もが修行して仏に成っていくのだと言います。それで三世《さんぜ》十方《じっぽう》（過去世・未来世・現在世のあらゆる方角）に多くの仏が存在すると言うのです。では、その仏とはどのような存在なのでしょうか。そのことを、菩提《ぼだい》と涅槃《ねはん》の実現ということを中心に見ていきます。

　第八章「発菩提心《ほつぼだいしん》について」は、仏になるための修行の、特にその出発点である発菩提心ということについて、『華厳経《けごんきょう》』や日本の道元《どうげん》の教えなど、種々の教説を一覧します。また、特に『華厳経』のなかに、「初発心時《しょほっしんじ》、便成正覚《べんじょうしょうがく》」（初めて発心する時、便ち正覚を成ず）という説があることにもふれ、修行に入る初心においてすでに仏と成るということの実情をも追究してみます。

　第九章「修行の道筋」は、初発心以降の修行の道程を、主に唯識思想の説に基づいて見ていこうとするものですが、特に最初の段階（資糧位《しりょうい》）についてある程度、詳しく見ていきます。やはり、六波羅蜜《ろっぱらみつ》（布施・持戒《じかい》・忍辱《にんにく》・精進・禅定《ぜんじょう》・智慧）の修行が中心となります。それらの教えは、仏道以外のさまざまな道、学問、芸道、職業、スポーツなどの道を行くにしても、大いに参考になるものと思われます。一応、仏道修行の全体も素描してあります。

第十章「自力と他力」は、ここまで探究してきた仏教的世界観あるいは仏道体系をふまえ、結局、自己の救いはどこに求められるかについて、私なりの考えを述べたものです。その際、伝統的な仏教の教説のみでなく、鈴木《すずき》大拙《だいせつ》や西田幾多郎の宗教哲学をも参照したものとなっています。西田幾多郎は、自力の宗教はあり得ない、と指摘しています。いわゆる自力聖道門といわれる仏道も、じつは他力に基づいているのであり、あるいは自力と他力とが一つに結ばれる地平もあるものと思われます。

以上が本書の内容ということになるのですが、全体として、大乗仏教概論のようなものであり、大乗仏教の世界観（法相《ほっそう》）と実践論（修道論《しゅどうろん》）の全体にわたって、基礎的な知識が得られるものと思っています。仏教についてほぼ何も知らない方々にとっては、入門書ともなりうるものだと思っております。と同時に、仏教の思想内容について、重要な事項についてはけっこう詳しく説明しておきましたので、仏教という宗教の世界についてかなり深く理解することができるものと思います。

一方、すでに何らかの宗派の信仰を得ておられる方々には、その特定の宗派の信仰や教理等が、どのような基盤のうえに構成されているのか、そのより広い背景について認識を深めることができるのではないかと思います。そのことは、自らの信仰の意味をあらためて確認しなおすことにもなるでしょう。

さらに本書によって、宗教というものの本質を了解し、そのことが、自己を究明していく道への旅に向かうきっかけとなってくれれば、望外の幸いです。

以上、初めに、本書の内容とそのねらい等、その概要について記しました。

＊引用文について、読みやすさのため、現代仮名遣いにしたり、漢字を開くなど表現を改めたところがある。また、引用文中のかっこや傍点を省略などしているところもある。

目次

第一章　宗教とは何か

宗教とは

仏教は宗教の一つであることは、間違いないでしょう。では、宗教とはどういうものなのでしょうか。仏教という宗教を理解していくために、仏教そのものの世界を尋ねる前に、まず宗教というものについての理解を深めておきたいと思います。

読者の皆さんは、宗教というものを、どのようなものとして見ているでしょうか。何かうさんくさいもの、危険なものとして見ている人もいることでしょう。一部の宗教団体の詐欺まがいの活動などから、およそ宗教は危険なもので、近寄るべきではないと考えている人も、一般の人びとのなかにはかなり多いかと思います。

しかし一方、まじめな宗教団体に加入することにより、よき師に出会い、よき仲間に出会って、自分の深刻な問題が解決したという人も、けっして少なくはないでしょう。多くの宗教団体は、真摯に自・他の人生に取り組んでいるものです。

宗教というとき、往々にして何らかの宗教団体を想定しがちですが、しかし必ずしも宗教即宗教団体というわけではありません。そのことは、おいおいお話ししていくことにして、そもそも宗教とはどのようなものなのか、宗教学の説くところをたどってみましょう。

宗教をどう分類するか

宗教は、いろいろな仕方で分類されることがあります。概略、以下のようになります。

一　自然宗教・創唱宗教
二　部族宗教・民族宗教・世界宗教
三　原始宗教・古代宗教・歴史宗教・近代宗教・現代宗教
四　救い型・悟り型・つながり型
五　有神的宗教（汎神教、多神教、一神教）・無神的宗教

一の分類のうち、自然宗教は開祖のいない宗教で、神社神道やユダヤ教、ヒンドゥ教などはこれに当たります。これに対し、創唱宗教は、開祖のいる宗教です。世界的には、仏教もキリスト教もそうですし、日本では、最澄《さいちょう》の天台宗や空海《くうかい》の真言宗、鎌倉時代の各新仏教のみならず、幕末や戦後の新宗教、今日の新新宗教などがこれに当たります。神道にあっても、黒住教《くろずみきょう》とか金光教《こんこうきょう》などは、創唱宗教になります。

二の分類では、部族宗教は、部族の統合をはかり、安寧を祈る宗教です。民族宗教は、

複数の部族がまとまって形成された民族の統合を維持し、その安寧をめざす宗教です。ユダヤ教やヒンドゥ教は、民族宗教に当たります。世界宗教は、民族・国家の境界も超え出て、世界中のあらゆる人びとに対し、個人の救済をめざす宗教です。仏教、キリスト教、イスラームなどがこれに当たります。このほかにも、世界宗教と呼べるものは決して少なくありません。日本発で言えば、天理教《てんりきょう》や金光教等々もさかんに世界に進出し、多くの信者を獲得していますから、範疇としては世界宗教ということになります。ただし、今日までにおいて、世界中きわめて広範囲に信仰されている宗教は、仏教とキリスト教とイスラームであると言って、ほぼ差し支えないものと思われます。

三の分類は、時間軸に沿って分類したもので、世界的に見てもある程度、同時代的な特色を見ることができます。原始宗教は、呪術と変わらないものや、アニミズムなどのプリミティブな精神を反映したものです。古代宗教は、部族宗教、民族宗教の範囲になります。歴史宗教は、仏教やキリスト教など、個人の実存（生死）の意識に対応し、現世を否定的に見る傾向があります。次の近代宗教は、歴史宗教において、むしろ現世の活動のなかに救済を見る立場が出てきます。キリスト教のカルヴィニズムが代表的ですが、日本でも、江戸時代の禅宗の鈴木正三《すずきしょうさん》は、農作業など日常生活のなかに仏道を見出しました。そうした、現世の活動を宗教的にも肯定的に見ていく立場を持つのが、近代宗教です。

そして現代宗教は、現在進行形であり、まだ特筆すべき傾向などは定かでないのが実情でしょう。

四の分類で、救い型とは、キリスト教や、仏教でも浄土教のように、神や仏（絶対者）が人間を救済するという教えを説くものです。悟り型は、自ら修行して悟りを開くことにより救済が実現するというものです。つながり型は、神社神道が念頭におかれており、自然と一体となるところに、自己のいのちの意味と安心とを得るものです。

五の分類は、神・仏など、人間を超える何らかの存在を説く宗教と、そういう存在を説かない宗教との区別によるものです。そこで、有神的宗教と無神的宗教に大別することができますが、有神的宗教にも、万物に神を見出す汎神教、多くの神々の存在を説く多神教、唯一絶対神の存在を説く一神教という区別を見ることができます。多神教の神々は、最高神以下、神々が階層をなしている場合もよく見られます。一方、無神的宗教としては、原始仏教に見られる釈尊の教えや、無を唱える禅宗、また近代の欧米に現れたヒューマニズムの宗教などが考えられます。

そうしますと、宗教は必ずしも神や仏を信仰するものとも言えないことになるわけです。

宗教団体をどう分類するか

以上に対し、宗教団体の分類も説かれています。その代表的なものは、次のものです。

一　チャーチ（世俗社会と一体的な宗教団体）
二　セクト（伝統に対し抗争・分裂してできる革新的宗教団体）
三　カルト〈ミスティシズム〉（流動的・非組織的宗教団体）
四　デノミネーション（共存する比較的安定した宗教団体）

一のチャーチとは、各地の教会のことではありません。地域や国家などの社会と一体となった宗教団体のことを言うものです。幼児洗礼を行うカトリック教団は、その典型的なものです。人びとは、そこに生まれたことによって、その地域に浸透している宗教の信徒となるような場合の、その宗教を言います。北欧などで、プロテスタントで国教会となっているあり方も、その例です。

これに対し二のセクトは、そうした伝統的な宗教に反旗を翻し、伝統の桎梏から逃れ、むしろ社会を改革しようと立ち上がる人びとによって形成された宗教団体です。おのずから、尖鋭的な性格を持つことになります。草創期のプロテスタントは、その代表でしょうし、日本の鎌倉時代の各新仏教も、そうした性格を多分に持つものでしょう。

一方、三のカルトは、種々の宗教的教説などにとらわれず、独自の神秘体験を志向する人びとの集まりを言うものです。今日、カルトというと、反社会的な宗教団体を意味することになっていますが、ここでのカルト（宗教社会学における用語）には、そういう意味はありません。またその集団の組織は強固なものでなく、流動的なものと見られています。

四のデノミネーションは、セクトなどの新宗教で、信徒が増大して教団として大きくなり、現実社会との摩擦を避けるべく折り合いをつけるようになった宗教団体を意味します。

宗教団体に関しては、以上のような分類がなされています。

日本の宗教四つの類型

以上、宗教または宗教団体の分類を見てきましたが、かつて井門富二夫《いかどふじお》（宗教学者）は、これらの分類をふまえて、日本の宗教を分析して四つの類型を提示しました。それは、次のようなものです。

一　文化宗教　文化枠として存在している宗教（初詣、お彼岸、お盆など）

二　制度宗教　地域や家族の制度に基づいて存在している宗教（神社神道、寺院仏教）
三　組織宗教　教祖を中心に新たに組織された宗教（新宗教等など）
四　個人宗教　宗教書や文学・芸術等により個人の内心に営まれる宗教

一の文化宗教は、文化（一定の範囲で普遍的・継続的な行動様式）として存在している宗教的行為のことで、初詣や節分やお彼岸の墓参り、盆の行事、季節のお祭りや神事といった定期的な儀礼、あるいは、宮詣りや七五三、結婚式や葬式などの通過儀礼で、宗教的なものを言います。正月には、そこのご本尊が何であるかも知らないまま、初詣をすることはしばしば見られるところです。

二の制度宗教は、氏子制度や檀家制度によって支えられている宗教で、具体的には、地域住民組織に基づく神社神道や、家制度に基づく伝統的な仏教宗派（寺院仏教）が中心です。しかしこれらは、特に最近の社会形態の変化に伴って、現在、相当、危機に瀕していることでしょう。

三の組織宗教は、ある教祖が教えを語り始めるなどして信者が増えて行き、教団となったものです。伝統仏教でも、鎌倉時代の法然《ほうねん》、親鸞《しんらん》や日蓮《にちれん》らは、教祖としていわば教団を組織したわけですが、江戸時代からは幕府の寺請制度の実施により、そのため檀家に支えられる寺院宗団（制度宗教）になりました。ここでの組織宗教は、もっぱら新宗教を意味します。

ただ新宗教と言っても、幕末に生まれた黒住教、金光教、天理教などから見るか、明治・大正時代の大本《おおもと》や霊友会《れいゆうかい》あたりから見るか、あるいは戦後から見るか、それともごく最近から見るか、さまざまな見方がありえます。信者に、すでに三世、四世あたりが存在している教団の場合、その教団は制度宗教にかなり近いと見ることも可能でしょう。

四の個人宗教とは、そうした宗教団体に加入することはせず、しかし宗教書や文学書を読んだり、芸術に触れるなどして、自分の内心に、ある絶対的な価値観を根本に据えて一定のまとまりのある世界観を構築し、そこに自己の意味を見出すような営みのことを言うものです。人間が社会的に生きていくためには、何らかの価値観や世界観を持つ必要があります。このとき、人はその人にとっての究極的な世界観を構成し、そのなかに自己の意味を見出していくことになります。その自己の意味を探究していく営みに、その人の宗教があると見、それを個人宗教というわけです。

特に古来の世界宗教に開示される世界のあり方や人生の意味といったことは、人間存在の真実を見つめ、日常の世間的常識ではうかがい知れない深みを汲みだしている場合がしばしばです。それらは、歴史的に多くの人びとによって取り組まれ、洗練されてきていますので、我々がこの世を生きていくうえに大きな力を与えてくれることでしょう。何らかの教団には属さなくとも、そういう世界宗教の解説書などを読んで自己の意味を問うことは、とても意義深いものがあると思います。

なお、私はここに、会員宗教というものも付け加えてよいのではないかと思っております。これは、カルチャーセンターや宗教団体がおこなう一般の人びと向けの公開の講座などに、その人の好みで自由に選択しながら参加する人びとの宗教です。このとき、独りだけでなく、友だちができたり仲間ができたりすることもあるでしょう。しかしそれもけっして固定的なものではなく、流動的なものではあります。このように、まったく単独にではなく、しかし何らか仲間とともに宗教の教えを自由に選択しつつ学び、自分の世界観を探究していく場合、そこに見出される宗教を、個人宗教とちょっと区別して見ることもできると思われるのです。

そういうわけで、宗教というとき、それは直ちに宗教団体を意味するわけではありません。むしろその本質は、自己の意味を明らかに了解することを求めて探究、追究していくところにあるのだと言えます。そういうわけで、本来、宗教というものは、けっして忌避すべきものとは限りません。むしろ宗教というものは、本来、人間にとって必要不可欠なものということができます。

「人間の問題の究極的な解決」――宗教の核心

以上の知見をふまえ、では結局、宗教とは何なのかについて、まとめてみましょう。

宗教というと、どうしても人間が神や仏などを崇敬し礼拝する行為などと見なされがちです。しかし神などを立てない宗教、たとえば原始仏教、禅、ヒューマニズムの宗教などもあるわけです。また、宗教はただちに宗教団体なのでもありません。今、見たように、個人宗教というものも、宗教に関する現象として確かに見出されるわけです。二世代くらい前の宗教学者、岸本英夫《きしもとひでお》は、そうしたことをじゅうぶんに考慮して、宗教の定義（作業仮設的規定）を次のように示しました。

> 宗教とは、人間生活の究極的な意味をあきらかにし、人間の問題の究極的な解決にかかわりをもつと、人々によって信じられているいとなみを中心とした文化現象である。（中略）
> （ただし、）宗教には、そのいとなみとの関連において、神観念や神聖性を伴う場合が多い。
>
> （岸本英夫『宗教学』、大明堂、一九六一年、一七頁）

このように、単純に神や仏を信じることとするのではなく、その部分はむしろ但し書きによって補足して、宗教の核心を、「人間の問題の究極的な解決」に見ています。この「究極的」ということは、「どんな種類の人間の問題でも、どんな困難な問題でも、かならず、解決しうる」(同前、三一頁)の意だとのことです。つまり、病気の問題の解決や、人間関係のもつれの問題の解決など、宗教に求められることは実際、さまざまにあるわけですが、それらだけでなく、人間にとって最大の問題、すなわち自己の死についての問題さえをも解決してくれるものが、宗教であるという見方です。死の問題の解決とは、必ずしも死後の生が保障されることではなく、むしろ深い地平における自己の意味の了解ということが宗教においては果たされる、ということです。

ともあれ、この岸本英夫の宗教の定義は、たいへんよくできているものだと思わずにはいられません。これに代わる宗教の定義は、いまだないと言ってもよいかと思われます。

宗教衰退論と宗教不滅論

さて、現代のように、科学技術が高度に発達し、ＩＴも急激に進展して、生成系ＡＩまでもが深化し広く応用される状況になってきて、宗教というものは今後どうなっていくのでしょうか。この問題に関しては、大きく分けて、宗教衰退論と宗教不滅論との二つの見方があります。

　宗教衰退論では、次のように主張されます。かつては宗教が教育や学問や芸術や医療や福祉などを指導し監督し支配していました。たとえば、教育は寺子屋で、医療は光明皇后《こうみょう》が設立した施薬院《せやくいん》や加持祈禱などで、福祉はこれも光明皇后が設立した悲田院《ひでんいん》などで、芸術は寺院建築やその調度の制作（建築・築庭・絵画・工芸）、あるいは法要などの儀礼（音楽・舞踊・衣裳など）においてです。

　しかし今日では、それらを社会の側で自律的に行うようになっています。教育は学校で、医療は病院で、福祉も民間団体で、芸術も宗教に従属する立場ではない作家個人としての自由な美の追求というように、もはや宗教団体から独立して社会自身の営みにおいてなされるようになってきています。この現象を、世俗化と呼びます。この世俗化とは、宗教が堕落し、俗化するということではなくて、社会が宗教性を脱却して宗教的権威・権力から解放され、それ自身の自律性を徹底していくことを言うものです。

　こうして、社会変動や都市化などにより、多くの人びとは宗教の支配を脱してきています。宗教は社会のあらゆる場面から消えつつあります。逆に、宗教は宗教のみの領域に追いやられ、ある意味で純粋に宗教のみの活動体になってきているわけです。しかしその宗教は、非合理的で今日の科学的知見に合わないといったことなど、現代人の知性や要望に応えきれずにいるものも少なくありません。そこで宗教は説得力を失ってきています。結局、今後、宗教の衰退はとどめがたいでしょう。

こういう見方が、宗教衰退論の見方です。

これに対し、宗教不滅論の見方は、次のようになります。現代社会の特徴として、過度な合理化・分業化・専門分化の進行により、人びとは機械的組織において細分化された役割に分解され、自らの人格が統合を失い、また全体的な自己の人生を見失いがちです。さまざまな地位・役割に応じたさまざまな現実があって、現実が分散しており、あらゆる人びとは、自分のこととその周辺しか知りえないという淋しさ・不安を抱えています。そうした事情に加えて、かつては、地域や国を覆う一定の世界観が用意されていましたが、しかしそうした公の世界観が失われた今、人びとは個人的に、私的に、自分の拠るべき世界観、自分のアイデンティティを求めざるをえません。

このとき、多くの人びとは、宗教団体に入っていくより、宗教書や哲学、文学書、芸術などに学びつつ、自分にとって究極の価値となるものを探索し、身につけ、それを基に一定のまとまりのある世界観を形成し、そのなかに自己の意味を見出していきます。この自己の意味の探究に宗教というものがあると考えられます。そうである以上、人間においてこの営みがなくなるはずはなく、ゆえに宗教はなくなることはないでしょう。これが宗教不滅論の見方です。

以上の二つの見方を見てみますと、どちらも正しいように思われます。それは、宗教というものの捉え方が異なっていて、ゆえに両者も矛盾しないということなのでしょう。

以上、今日の宗教学における宗教というものへの理解について、その一端をご紹介しました。

仏教は苦からの解脱を説く

では、そういう性格を持つ宗教に対して、仏教はどのような宗教だと考えられるのでしょうか。

仏教の内容は、まず四諦《したい》の説に集約されていると見て、差し支えないと思われます。四諦の諦は真理のことであり、四諦とは、苦諦・集諦《じったい》・滅諦《めったい》・道諦の四つの真理（諦）のことです。すなわち、人生は苦しみである（一切皆苦）という真理、そうした苦しみを集める原因（無明《むみょう》・煩悩《ぼんのう》）があるという真理、苦しみが滅する世界（涅槃）があるという真理、苦の滅にはその原因となる道（修行）があるという真理、この四つの真理のことです。キリスト教では、原罪からの救いということを説くと思うのですが、仏教ではそのように苦からの解脱を説くところに根本的な特徴があるといえます。

このなかで、初めの苦諦としては、まず「生《しょう》・老・病・死」の四苦が説かれています。生まれたこと自体に苦しみがある。さらに老いる苦しみ、病の苦しみ、そして死の苦しみが説かれます。これに、「愛別離苦《あいべつりく》・怨憎会苦《おんぞうえく》・求不得苦《ぐふとっく》・五蘊盛苦《ごうんじょうく》」を加えたものが八苦です。愛するものと別れなければならない苦しみ、厭な者とも出会わなければならない苦しみ、欲しいものが得られない苦しみ、身心がさかんでコントロールが利かない苦しみです。これらをまとめて、四苦八苦というのです。

私は、これらの苦への視点をちょっと変えて、次のように整理しています。

身体的苦痛・経済的苦境・社会的苦渋・心理的苦悶・実存的苦悩

これらの苦しみは、時代が変わっても、その様相を変えつつ、くりかえし現れてくるものなのでしょう。現代にあっても、経済は好転せず（貧）、病気は無くならず（病）、家庭や社会の人間関係に難儀する（争）など、誰もが何らかこうした苦に出会っていると思います。まことに、人生は「一切皆苦」であり、このことは時代を貫く真理であると言えるでしょう。ここに、案外、平坦な人生が意外とむずかしく、誰の人生にも不幸が襲って来かねない事由があります。

身体的苦痛について——苦しみを軽減する

もっとも、このように苦を分類してみると、その対処方法、解決方法も割り出すことができると思います。

たとえば、病気などに由来する身体的苦痛は、医療がその解決の道をもたらしてくれるはずです。ただ、その苦痛をさらに増幅させる心理的要因が介在することも考えられますから、科学的な医療や薬などによる治療に加えて、その心理的側面に適切な措置を講じることは、その苦しみを軽減する重要な要素にもなると思われます。

老の現象も、身体能力の著しい低下が、当人の生活にさまざまな苦痛を与えることでしょう。認知症のような症状は、逆に当人には苦痛とはならず、周囲に苦痛をふりまくことにもなります。老の治療には限界があり、本人がそれをどう受け止めるのか、受容するのか抗うのか、結局は身に引き受けて生きて行くしかないのかもしれません。

なお病気には、不治の病にかかることもありえます。あと何年しか生きられない、と宣告されたりしたら、その時の苦痛はそう簡単には越えられないに違いありません。その苦はただちに、後にふれる実存的苦悩に移行することになります。

経済的苦境について――円了のことば

貧困に代表される経済的苦境は、まずは経済政策や行政の対応などがその解決の道をもたらしてくれなければなりません。そのように経済的苦境の解決は、社会の仕組みによるに違いありません。まじめに働いても報われないという思いをしている人もいることでしょうし、そういう人こそ報われてほしいと思います。ただそれぞれの個人としては、まじめにコツコツ働くこと以外にないと思います。余談ですが、参考までに、明治期、哲学を基盤にした教育を展開する学校、「私立哲学館」（後の東洋大学）を創設し、日本の哲学の歩みを主導した井上円了《いのうええんりょう》は、次のようなことを言っています。今は私の拙い現代語訳によって紹介しましょう。

一時的な希有の幸せを望むよりは、むしろ心において常に楽しむことを期すべきである。人の心には暗いものもあるが、そこに潜む良心は、時に光を放つことがある。それは航海時の暗い夜の灯台のようであり、霧のたちこめた海での磁石の針のようである。人生の海を渡る者は、この心に照らして進み、正直を守って行けば、必ずや目的地に達するであろう。場合によってあるいは失敗することがあっても、その一時の後には必ず成功に達しうるものである。

百の銅鉄があるとしても、それらは一つの黄金に及ばない。同様に百の計略を持つとしても、それらは一つの正直に及ばない。正直の心の左右両隣りには、勤・倹（勤勉・倹約）の心がこれを支えている。勤勉でなく、倹約でない者は、不正直の心からそうなるのであり、社会的・経済的地位を確立することは、勤勉・倹約の心こそが招来するのである。自己を守るのに勤勉・倹約をもってすれば、どうして立身を実現しないことがあろうか。家庭を治めるのに勤勉・倹約をもってすれば、どうして家が繁栄しないことがあろうか。

勤勉・倹約は忍耐を要する。忍耐はその根本となる。正直を守って動ぜず。艱苦《かんく》を排して前進する。百回、挫折したとしてもけっしてあきらめず、努力して止まない人生を支えるものは、まことに忍耐の心にほかならない。忍の心がなく耐えることのないものは、人の身体に骨がないようなもので、骨がなければ立つこともできないであろう。（井上円了「明治実語教」、『奮闘哲学』、『井上円了選集』第二巻、東洋大学、一九八七年、三九四頁）

円了はここで、正直と勤・倹とが大事であると強調しています。正直とは、単に嘘をつかないことということより、まっとうに生きること、誠を尽くすこと、のような意味も含んでのことでしょう。勤は勤勉（努力・精進）、倹は倹約です。さらにこれらの根本は、忍耐だとも指摘しています。円了は人生における忍耐ということの重要性を、ひじょうに強調しました。ここに「百回、挫折したとしてもけっしてあきらめず、努力して止まない人生を支えるものは、まことに忍耐の心にほかならない」とある言葉には、大いに励まされる思いがします。

社会的苦渋について――「怨憎会苦」そのもの

社会的苦渋とも言うべき人間関係の問題はじつに厄介で、簡単に解決できるものではないことでしょう。もちろん、その苦しみの人間関係から離れることができれば、それで問題は一応、解決することになります。しかしそのことが不可能である場合には、まさに「怨憎会苦」そのものであり、強靭な忍耐力が求められたりします。もちろん、明らかに不当なハラスメントがあるなら、関係機関に訴えることも必要でしょう。

一方、人間関係の苦しみの要因は、非常識な言動に終始するような相手による場合が往々にしてあると思いますが、一方、問題は相手にのみあるのではなく、むしろ自分の側にあることも反省してみなければならないのだろうと思われます。場合によっては、他者への配慮を欠く自己中心的な姿勢を超えていくなどして、自らそのあるべき関係性の構築に努力することが求められるのではないかと思うのです。それには、やはり心のはたらきよう、特に我執というもののあり方を深く理解し、かつ自分の日常の他者への対し方を深く顧みることも重要です。自己の利害損得を超え、相手の状況を思いやって、その者から請われず（頼まれず）とも自分の方から友だちになること（「不請《ふしょう》の友」という）も大切です。そのうえで、自ら人間関係を変えていくことに努めることが必要であろうと思われるのです。

心理的苦悶について——自己に波立つさまざまな心

心理的苦悶は、たとえば仏教におけるさまざまな煩悩・随煩悩《ずいぼんのう》の心や善の心の説明に接し、心のはたらきようを学び理解し、そのうえで適切な対応を進めていくことで、何らかの軽減が可能かと思われます。大乗仏教のなかに、心のありようを詳しく分析している唯識説というものがあります。

唯識とは、世界はただ識のみにおいて成立していると説くもので、インド大乗仏教思想の、一つの主要な流れを構成しました。唐の時代の玄奘《げんじょう》三蔵がこれをインドで学び、中国に導入して法相宗《ほっそうしゅう》が成立するのですが、その法相宗の根本聖典に『成唯識論《じょうゆいしきろん》』という書物があります。インドの世親《せしん》（Vasubandhu）の著『唯識三十頌《じゅ》』の詳細な注釈書です。『唯識三十頌』には、唯識説のあらゆる教理がわずか三十の詩に盛り込まれているのです。

今、その『成唯識論』の煩悩・随煩悩の説明のなかから二、三紹介しますと、たとえば恨みの心とは、「あるとき怒りの心を発して、以来、憎しみの心を懐いて捨てられず、怨みを結ぶ心であり、恨まないというよき心を邪魔し、身心を熱く悩ますように作用する。すなわち、恨みを結んだ者は、心に耐えることができなくて、つねに熱く悩むからである」とあり、嫉妬の心とは、「自分の名声や実利を求めて、他人が栄えることに耐えられず、妬《ねた》みかつその人を忌避しようとする心であり、嫉妬しないというよき心を邪魔し、憂鬱になり心がふさぐよう作用する。すなわち、嫉妬の者は、他人が栄えることを見聞すると、深く憂慼の心を懐いて安隠でないからである」とあります。けち（慳《けん》＝ものおしみ）の心とは、「財と教えとに深く執着して、それらを他人に恵み与えることができず、隠しもち惜しむ心であり、ものおしみしないというよき心を邪魔し、なんでも溜め込むことになるよう作用する。すなわち、ものおしみしケチな者は心に多く惜しみがちで、財と教えとを蓄積して、捨てることができないからである」とあります。

その他、煩悩の心は六つ（その中の悪見を開けば十）、随煩悩の心は二十が分析され、善の心としては十一が分析されています。その内容は、「第四章　世界の分析」の心所有法の説明（本書、一二〇～一二二頁）をご参照ください。

心理的苦悶を軽減、解消していくためには、これらの説明その他、心理学をはじめとする関係資料を参考にしながら、自己に波立つさまざまな心をうまく統御しながら苦悶を放ち、平静な心をたもつことが大切でしょう。

しかし、自分の心を自分で制御していくことは、かなりむずかしいことであることも事実です。自分で自分の心をどうにかしようとするとき、自己は二つに分裂することになり、本当の自己が見失われ、ますます収拾がつかなくなる可能性さえあります。むしろ自分で自分をどうこうしようとは思わず、その感情はそれとして、ともかくそのつどしなければならないことに集中していくことによって、自然と心が調って来るという事情もあるかと思います。これは有名な森田療法（森田正馬《まさたけ》が開発した神経症の対処方法）の極意でもありましょう。またこの心理的苦悶に関しては、自分だけで悩むのではなく、親や先生や上司や同僚・友人など、他者の助けがあるとき、苦しみの症状は軽減するでしょう。

なお、苦は実際には上記の分類により必ず単独に起こってくるというわけではなく、むしろ常に複合的に絡まっていると思いますので、対処の方法も複合的になるであろうことは容易に察せられるものと思います。特に心理的苦悶は、いずれの苦にもつきまとっているに違いありません。

実存的苦悩について――死ななければならない自己

最後に実存的苦悩とは、一言で言えば死の問題に発するものです。あるいは、必ず死ななければならない自己をどう受け止めるかの問題です。死ななければならない自己を深く認識したとき、その自己にいったいどういう意味があるのかが、切実に問われてくることでしょう。

もっとも、死とは寿命の終了という現象に関してのみ、見出されるものでもありません。むしろ社会的にひどいいじめを受けたり、周りから無視されたりしたとき、自己の死ということを覚えずにはいられないことでしょう。事業の失敗とか、失恋とか、もはや立ち直れないほどに打ちのめされたときには、死を想わずにはいられないでしょう。こうして、人生の途次において、生きている自分とは何なのかが、深く問われてくる機会もあるものです。

上述のさまざまな苦については、医療・経済・行政の改善や自心の制御などによって、何らか解決されることもあると思います。しかしこの死の苦痛、実存的苦悩の問題は、どんな社会的な仕組み、社会的な措置によっても解決されることはありません。結局、この問題の解決は、ただ宗教のみが授けてくれるものです。岸本英夫が宗教を定義して、「究極的な問題の解決にかかわる」と述べていたことも、これに関わってのことです。

そうだとすると、宗教は人間存在にとって、非常に重要なものと言わなければなりません。自分が死ぬ、このことは誰にとっても真実であり、ゆえに誰にとっても苦悩であるはずです。自己を見つめれば見つめるほど、そのことに突き当たるはずです。ここに、その問題の解決を提供する宗教の大きな意味があるのです。

逆にこの問題の解決を得られれば、根本的な安心に到達し、その結果、他の身体的、経済的、社会的な苦しみも、受容できたり軽減したりすることでしょう。じつは人間にとっての真の幸福のありかは、実存的苦悩の解決ということにあることを想うべきです。

宗教の本質がそこにあるとして、ではこの問題はどのように解決されるのでしょうか。死の問題を解決するとして、この世での寿命が際限なく延長されることは、あり得ない話でしょう。来世によき再生があるとすれば、たしかにこの問題の解決につながるに違いありません。そのことが信じられるのであれば、そういう安心もありうるのだとは思います。

しかし、自分が来世にどこに生まれるかは、現世において生きている我々にとっては、まったく不明で、もしかしたらきわめて苦しい世界（地獄など）に生まれるかもしれず、また人間として生まれるとも限らず、動物（畜生）などになってしまうのかもしれません。あるいは現代という境位にあっては、神、仏が信じられないのと同様、生死輪廻や極楽往生ということ自体も、なかなか信じられないことでしょう。そうしたなかで、死の問題の解決はどのように得られるのでしょうか。

死の恐怖とは、自己が無になることに基づくのであり、ではこの自己にどういう意味があるのか、との苦悩に基づくものでしょう。そこで、この世における自己の意味が自分に何らか了解・納得できたら、一つの宗教的な安心が得られるということになります。

そのように、宗教とは、まさに自己とは何かを究明するものなのであり、したがってやはり宗教は本来、誰にとっても重要、必要なものなのです。

「己事究明」の道――西田幾多郎の宗教論

このことを明確に指摘しているのが、日本最大の哲学者・西田幾多郎です。以下、このことに関わる西田の言葉を、その最晩年の論文「場所的論理と宗教的世界観」から引用しておきましょう。

道徳の立場からは、自己の存在ということは問題とならない。如何に鋭敏なる良心と言えども、自己そのものの存在を問題となせない。何となれば、如何に自己を罪悪深重《じんじゅう》と考えても、道徳は自己の存在からであるが故である。これを否定することは、道徳そのものを否定することに外ならない。道徳と宗教との立場が、かくも明に区別すべきであるにもかかわらず、多くの人に意識せられていないのである。（『西田幾多郎全集』〔旧版〕第十一巻、岩波書店、三九三頁）

西田は、道徳（あるいは倫理）と宗教とは、立場がまったく異なっていると指摘します。道徳の世界では、どのように行為すれば善と認められるかが課題であって、その前提に自己の存在は自明のこととして、何ら疑われていません。しかし宗教の世界では、どう行為するか以前に、その自己の存在そのものが問題となり、自己とは何かの深い了解が追求される世界だというのです。

宗教の問題は、我々の自己が、働くものとして、いかにあるべきか、いかに働くべきかにあるのではなくして、我々の自己とはいかなる存在であるか、何であるかにあるのである。……人は往々、唯過《あやま》ち迷う我々の自己の不完全性の立場から、宗教的要求を基礎づけようとする。しかし単にそういう立場からは、宗教心というものが出て来るのではない。相場師でも過ち迷うのである、彼も深く自己の無力を悲しむのである。また宗教的に迷うということは、自己の目的に迷うことではなくして、自己の在《あり》

処《か》に迷うことである。（同前、四〇六～四〇七頁）

ここに、前に指摘された道徳と宗教の違いについて、解りやすくかつはっきりと説かれています。人生のある場面で、どうすればよいのか、そのことに関して深く迷い、自己の無力を嘆くとしても、そこではいまだ自己そのものがそもそも何であるのかの問題意識はなく、それだけでは宗教の境域に達してはいません。宗教の世界ではその自己そのものが問題となり、自己とはいかなる存在であるか、また自己のありかはどこか（自己が何に依拠して存在しているのか）が大きな疑問となるのだと強調しています。言い換えれば、生老病死という根本的な苦しみを抱いている自分、死というものを迎えなければならない自己とは、一体どういう存在なのか。自己の意味はどこにあるのか。それが宗教の問題だというのです。そのように、道徳（生き方）よりもっと手前にある問題として宗教というものがあるのだと、西田は指摘しています。

西田は他にも、「それ（宗教）は対象認識の知識的問題でないことはいうまでもなく、我々の意志的自己の当為《とうい》（すべきこと）の道徳的問題でもない。我々の自己とは何であるか、それはどこにあるのであるか、自己そのものの本体の問題、その在処《ありか》の問題である」（同前、四一二頁）と説いています。

禅ではよく「脚下照顧《きゃっかしょうこ》」（足許を照らし顧みよ）といい、「己事究明《こじきゅうめい》」（自己というものを究明する）ということをいいます。宗教とは、この「己事究明」の道そのものに他なりません。神がいるにせよいないにせよ、信仰の道にせよ修行の道にせよ、自己とは何かを深くうなずけたとき、実存的苦悩は解消し、苦の根本が解決されるが故に、他のさまざまな苦しみも解消され、あるいは耐えられたりすることでしょう。ただ一回限りのこの人生において、これ以上に大事なことはないと言ってもよいのではないでしょうか。

とすれば、本来、宗教は誰にとっても重要なことなのです。真の宗教は、けっして忌避すべきものではなく、むしろ真剣に問い、取り組むべきものなのです。わたしは宗教というものを、以上のように考えています。

以上、本章では宗教の本質について、述べてきました。次の章からは、仏教の内容を、私なりの順序で解説してまいるつもりですが、それは、今、申し上げた宗教観を根底に置いてのものであることを、あらかじめ述べておく次第です。

第二章　大乗仏教が日本に来るまで

四つの仏教

これから、仏教とはどういう宗教かについて紹介してまいりたいと思います。ただ、一口に仏教と言っても、じつはさまざまな仏教があることを、まずは認識しなければなりません。日本の仏教団体には、文化庁編の『宗教年鑑』（令和四年版）によれば、包括宗教法人、いわゆる宗派として、伝統仏教教団、新仏教教団あわせて、百五十六宗派（天台系二十、真言系四十四、浄土系二十二、禅系二十三、日蓮系三十九、奈良仏教系六、その他二、計百五十六）もあります（ただし文部大臣所轄のみ。他に、単立法人もある。また、法人格を有さない宗教団体もある）。

ちなみに、『宗教年鑑』では、仏教の比較的大きな枠組みとして、上記のように、天台系・真言系・浄土系・禅系・日蓮系・奈良仏教系・その他と分類しています。もちろん、同系統で分派したものが多数あるわけですが、それにしても、さまざまな仏教があることが予想されるでしょう。

それはともかく、仏教の歴史を見たとき、特にインドを中心に分類すると、概略、次のような四つの仏教に分類されます。

原始仏教　釈尊（紀元前四六三〜三八三）及びその直弟子らの教え（**根本仏教**等ともいう）

部派仏教　仏滅《ぶつめつ》百年後、根本分裂　上座部《じょうざぶ》と大衆部《だいしゅぶ》　その後、さらに分派
大乗仏教　西暦紀元前後に興起　『般若経《はんにゃきょう》』『法華経《ほけきょう》』『華厳経』『無量寿経《むりょうじゅきょう》』など
龍樹《りゅうじゅ》（一五〇〜二五〇頃）『中論』　中観派《ちゅうがんは》
世親《せしん》（四〇〇〜四八〇頃）『唯識三十頌』　瑜伽行派《ゆがぎょうは》
密　教　七世紀頃、出現　『大日経《だいにちきょう》』『金剛頂経《こんごうちょうぎょう》』
その後、仏教教団はイスラームに滅ぼされる

日本の仏教は、すでに相当発達した大乗仏教、密教を中国経由で受用し、かつそれらをさらに展開させたものなのです。以下、これらについて簡単に紹介していきます。

釈尊の教えについて――生まれではなく行為で決まる

原始仏教とは、釈尊自身の教え、およびその直弟子あたりの教えを指します。釈尊の教えは、漢訳では「阿含経《あごんきょう》」、パーリ語では「ニカーヤ」に伝承されていますが、じつはそれらはかなり後世にまとめられたものであり、相当整理されていて、釈尊の説法そのままとは言いがたいものです。釈尊の説法を髣髴《ほうふつ》させるものは、現存最古の仏教経典と言われる、『スッタニパータ』です。そこには、釈尊の素朴で独自であたたかな説法が伝えられ

ています。

そのなかから、いくつか紹介してみましょう。たとえば、次のような言葉があります。


われは、（バラモン女の）胎《はら》から生まれ（バラモンの）母から生まれた人をバラモンと呼ぶのではない。かれは〈きみよ、といって呼びかける者〉といわれる。かれは何か所有物の思いにとらわれている。無一物であって執著のない人、――かれをわたくしは〈バラモン〉と呼ぶ。（620）

生れによって賤しい人となるのではない。生れによってバラモンとなるのではない。行為によって賤しい人ともなり、行為によってバラモンともなる。（136）

生れによって〈バラモン〉となるのではない。生れによって〈バラモンならざる者〉となるのでもない。行為によって〈バラモン〉なのである。行為によって〈バラモンならざる者〉なのである。（650）


このように、釈尊は、ある人がどういう存在であるのかは、生まれによってではなく、行為によって決まるのだと、言い切っています。このことは、カースト制度が根づくインド社会においては、画期的な主張でした。

自己を洲《す》（よりどころ）として世間を歩み、無一物で、あらゆることに関して解脱している人々がいる。――そのような人々にこそ適当な時に供物をささげよ。――バラモンが功徳を求めて祀りを行うのであるならば。（501）

わたしはバラモンではないし、王族の者でもない。わたしはヴァイシヤ族（庶民）の者でもないし、また他の何ものでもない。

諸々の凡夫の姓を知りつくして、無一物で、熟慮して、世の中を歩む。（455）

師は答えた、「わたくしは何びとの傭い人《にん》でもない。みずから得たものによって全世界を歩む。他人に傭われる必要はない。神よ、もしも雨を降らそうと望むなら、雨を降らせよ。」（25）

これらには、宗教的に優れた人の境涯は、無一物にして世の中を歩み、かつ誰にも雇われない、主体そのものとしての自己に生きるものであることが指摘されています。けっしてこの世を超出するのではなく、無一物のままにこの世を歩み、人びとを感化していくのです。

（ブッダが答えた）、「つねによく気をつけ、自我に固執する見解をうち破って、世界を空なりと観ぜよ。そうすれば死を乗り超えることができるであろう。このように世界を観ずる人を、〈死の王〉は見ることがない。」（1119）

あたかも、母が己が独り子を命を賭けても護るように、そのように一切の生きとし生けるものどもに対しても、無量の〈慈しみの〉こころを起すべし。（149）

また全世界に対して無量の慈しみの意《こころ》を起すべし。上に、下に、また横に、障害なく怨みなく敵意なき（慈しみを行うべし）。（150）

立ちつつも、歩みつつも、坐しつつも、臥しつつも、眠らないでいる限りは、この（慈しみの）心づかいをしっかりとたもて。この世では、この状態を崇高な境地と呼ぶ。（151）

（以上、中村元訳『ブッダのことば』、岩波文庫、一九八四年より）

さらにこのように、世界のすべての存在が空（永遠の本体を持たない）であることも説かれており、一方、衆生への慈悲の心の大切さも説かれていて、これらの聖句には後の大乗仏教に通じるものがあります。

四諦の説——苦しみの根源にある無明と煩悩

こうした、まだ定型的に組織されてはいない教えから、後に釈尊の教えとして、四諦・八正道《はっしょうどう》・十二因縁《じゅうにいんねん》（十二縁起）、あるいは五蘊無我《ごうんむが》といった教えが説かれるようになります。一般には、これらが原始仏教の教えと見なされています。

そのなかで四諦とは、苦諦・集諦・滅諦・道諦という、四つの真理のことです。人生は苦であるという真理、苦にはその原因があるという真理、苦は滅するという真理、その滅にはその原因としての修行の道があるという真理です。

苦には、生・老・病・死の四苦と、これに愛別離苦・怨憎会苦・求不得苦・五蘊盛苦の四つの苦を合わせた八苦とが言われます。その内容はその語によってだいたい解ると思いますし、前にも触れましたので説明は省きます。なお仏教には、苦苦《くく》・壊苦《えく》・行苦《ぎょうく》という三苦も説かれています。気に入らないものに対して感受する苦しみ（苦苦）、気に入ったものが無くなって行く時に感受する苦しみ（壊苦）、他のすべてのものが無常で移ろい行くのを見て感受する苦しみ（行苦）、というものです。要は、諸行無常による苦しみということになるでしょう。

これらの苦のなかでももっとも重大な苦しみは、死の苦しみでしょう。道元は、「生死は仏家《ぶっけ》一大事因縁なり」（『正法眼蔵《しょうぼうげんぞう》』「諸悪莫作《まくさ》」）と言っています。

集諦は、それらの苦しみを集めるものと考えればよいでしょう。それはすなわち、無明・煩悩です。人間の心には、どういうわけか無明が存在していると仏教は説きます。無明とは、根源的な無知のことで、事実や真理を確かに知ることができていない心の状態ということになります。この無明があることによって、さまざまな煩悩が展開してきます。煩悩とは、その人の心を煩わしく悩ますもの、と理解すればよいでしょう。代表的なものは、貪・瞋・痴、すなわち、むさぼり、いかり、無知の三毒です。さらに、慢心や誤った見解など、種々のものがあります。

こうした煩悩のもとに行為をすることで、苦しみの生存を招くと言います。この過程を「惑《わく》・業《ごう》・苦《く》」と表現します。その内実をさらに細かく分析したのが、十二因縁（縁起）の説です。十二因縁とは、

無明・行《ぎょう》・識《しき》・名色《みょうしき》・六処《ろくしょ》・触・受・愛・取・有《う》・生《しょう》・老死

という十二項目の縁起によって、この苦しみの生存があること、さらには生死輪廻がやまずに続くことを説明するものです。その詳細はここでは省きます（「第六章　生死輪廻のしくみ」にて説明します）が、この教えの重要な点は、我々の生死輪廻の苦しみの根本に、無明があるということを明らかにしたことです。この解明によって、無明さえ対治すれば、生

死輪廻はやむことも知られたわけです。このように、十二縁起の説は、生死輪廻の仕組み（順観）と、生死輪廻からの解放の仕組み（逆観）を同時に了解させるものとなっているわけです。

四諦の説に戻りまして、滅諦は、苦が滅することがあるのだということを示しています。そこは通常、涅槃と言われる世界です。煩悩がすっかりなくなって、もう生死輪廻することがない、やすらぎの世界とでも言えばよいでしょうか。この世界は、現象世界を意味する有為《うい》の世界を超えた、まったく変化のない無為《むい》の世界と見なされています。ただし大乗仏教になりますと、涅槃に独自の見方を導入し、生死にも涅槃にも住《とど》まらない、無住《むじゅう》処《しょ》涅槃というものを説いています。そのことについては、のちほど、「第七章　仏と成るとは」にてご紹介したいと思います。

この滅諦を実現するのが道諦です。それは仏道修行のことなのですが、そのなかで代表的な教えが、八正道ということになります。八正道とは、正見《しょうけん》・正思惟《しょうしゆい》・正語《しょうご》・正《しょう》業《ごう》・正精進《しょうしょうじん》・正命《しょうみょう》・正念《しょうねん》・正定《しょうじょう》というもので、正しい見方・正しい考察・正しい言葉遣い・正しい行為・正しい努力・正しい生活・正しい集中・正しい心の統一、というものです。

ここで正しいという、その内容は、中道にかなっているということです。ただしこの中道ということの内実については、さらに釈尊の教えを尋ねる必要があるでしょう。

以上、簡単に四諦の教えについてご紹介し、またそのなかで八正道、十二因縁についてふれました。なお、この四諦の説は、十二因縁における、輪廻の仕組み（順観）と輪廻からの解放の仕組み（逆観）とを表していると見ることができます。前者が苦諦と集諦、後者が滅諦と道諦ということになります。

五蘊無我――執着すべき自我は存在しない

次に釈尊が成道（覚りを完成して仏と成る）を果たしたのち、かつての修行仲間の五人に対して最初に説法したという、初転法輪《しょてんぽうりん》においても説かれたと伝えられる五蘊無我《ごうんむが》の教えについて説明します。

五蘊とは、色《しき》・受《じゅ》・想《そう》・行《ぎょう》・識《しき》という各蘊のことで、蘊とは集まりのことです。この五蘊のなかの色とは、物質的なものを意味します。個人で言えば、身体です。受・想・行・識はそれぞれ心であって、受は苦受・楽受・非苦非楽受という、苦などを感受する心です。いわば感情と言ってよいでしょう。想は取像というはたらきの心であって、いわば認知と言ってよいでしょう。行は後の教理のなかでは複雑なことにもなりますが、ここでは意志と見てよいでしょう。識は、推理・判断などの知性のことです。受・想・行・識は、それぞれ別々の心と考えられていて、一つの心の異なる作用ではありません。別々の心が組み合わさって、心理現象があると考えられているのです。

世界が物質的なものと精神的なものとによって成り立っているとすれば、この五蘊は世界を構成している要素ということになりますし、個人が物質的なものと精神的なものとの複合体であるとすれば、この五蘊は個人を構成している要素ということになります。

一方、無我の我とは、「常・一《いつ》・主・宰」と定義されるもので、常住で、不変で、しかも主体であるようなもののことです。仏教が無我として無いと否定する我は、あくまでもこの常住で、不変で、しかも主体であるようなものに限られるのです。五蘊無我の説は、個人を構成する物質的・精神的な諸要素はあるが、常住の自我は存在しないと明かすものです。あたかも車輪において、そこに軸や骨や輪はあるけれども、一つの車輪という存在はないように、五蘊の仮和合の現象はあるけれども、常住・不変の我はないということを説くものです。

その背景には、自我に対する執着がもろもろの苦しみを生じていることにかんがみ、執着すべき自我は存在しないことを明かして、執着を止めさせ、苦しみから解放しようとすることがあるでしょう。

以上は、釈尊の教えとされるものの一端ですが、ここから大乗仏教になると、さらなる展開・発展がみられます。ですから、仏教はこのような釈尊の教えに尽きるわけではありません。そのことは、以下の説明によって正しく理解していただきたいと思います。

部派仏教――上座部と大衆部の根本分裂

次に部派仏教について説明します。釈尊が亡くなったことを仏滅《ぶつめつ》と言いますが、それは紀元前三八三年と考えられています。その後、釈尊の弟子や信徒らは、各地でサンガ（出家者の修行共同体）を設けて活動していましたが、それらはすべて一つの仏教教団のなかの活動であると認識していました。しかし、釈尊が亡くなって後、百年ほどもすると、社会情勢が変化し、釈尊が定めた戒律に、その当時の社会と不適合な面も出てきます。それで、釈尊が制定された戒律を変更するかどうかが課題となってきました。

そこで長老たちが集まって協議したのですが、やはり戒律は変更しないとの裁定が下されます。これに不服の者たちが、教団からたもとを分かち、独自の教団を興します。ここに釈尊の教団は、上座部《じょうざぶ》（保守派）と大衆部《だいしゅぶ》（革新派）の二つに大きく分かれることになりました。これを根本分裂と言います。

その後、この二つの部派から、教義の解釈や人脈などにより、さらにいくつかの分裂が起きてきます。大衆部からは、一説部《いっせつぶ》、説仮部《せっけぶ》、制多山部《せいたせんぶ》等々が分派し、上座部からは、説一切有部《せついっさいうぶ》、犢子部《とくしぶ》、化地部《けじぶ》、法蔵部《ほうぞうぶ》等々が分派しました。『異部宗輪論《いぶしゅうりんろん》』という書物によれば、根本分裂二部、枝末分裂十八部、あわせて二十部が存在したと伝えられています。これらの各部派の仏教を、部派仏教と言うわけです。これらは大乗仏教以前の成立であり、大乗仏教からは小乗仏教と呼ばれたものです。

各部派の思想にはけっこう差があり、多彩な思想が存在していて、なかには大乗仏教の教義とかなり近い思想を唱えていた部派もいくつか見受けられます。以前、大乗仏教は大衆部から出て来たと言われていましたが、それは教義が多分に近いからです。

説一切有部——「我空法有」

華厳宗の第三祖と言われる賢首大師《げんじゅだいし》法蔵（六四四〜七一二）は、その著『華厳五教章《けごんごきょうしょう》』（華厳宗の教理の綱要書）において、五教十宗判を唱えています。五教とは、仏教の全体を、小乗教・大乗始教《しきょう》・終教《じっきょう》・頓教《とんぎょう》・円教《えんぎょう》という五つに分類したもので、大乗始教には唯識＝法相宗および中観＝三論《さんろん》宗、終教には如来蔵《にょらいぞう》思想、頓教には今・ここで言語・分別を離れたところに仏を自覚する立場（一念不生即仏。『維摩経《ゆいまぎょう》』や『大乗起信論《だいじょうきしんろん》』に見出される。禅宗が相当）、円教には天台宗と華厳宗が配当されます。一方、十宗判のうち、前六宗は小乗教すなわち各部派の宗旨になります（後四宗は、五教の小乗教以外に相当）。それは、次のように分類整理されています。

我《が》法《ほう》倶《ぐ》有《う》宗《しゅう》　犢子部、法上部、賢冑《けんちゅう》部、正量部、密山林部など
法《ほう》有《う》我《が》無《む》宗《しゅう》　説一切有部、雪山部、多聞部、化地部の末計
法無去来《こらい》宗　大衆部、鶏胤《けいいん》部、制多山部、西山住部、北山住部、法蔵部、飲光部
現《げん》通《つう》仮《け》実《じつ》宗　説仮部など　成実論　経部の別師
俗《ぞく》妄《もう》真実宗　説出世部《せつしゅつせぶ》など
諸《しょ》法《ほう》但《たん》名《みょう》宗　一説部など（『華厳五教章』、『国訳一切経』和漢撰述部、諸宗部四上、大東出版社、一九七九年、七一～七三頁。湯次了栄『華厳五教章講義』、龍谷大学出版部、一九二七年、一六二～一六八頁）

じつは中国法相宗の宗祖・慈恩《じおん》大師基《き》（六三二～六八二）は八宗判（前六を小乗教、後二を大乗教。『法華玄賛《ほっけげんざん》』巻一、大正三四巻、六五七頁中）を立てましたが、その小乗教の六は今の十宗判の前六とその名がまったく同じです。ですから法蔵の十宗判は、基の八宗判に、第九、第十を加えて立てたものと考えられます。

ここに、我と法の語が多く出ていますが、我とは常住・不変かつ主体と考えられたも

の、法とは物質的、心理的など、いわば世界の構成要素のことです（後述、六六〜六七頁参照）。この小乗教の六宗のなかには、我法倶有宗があるように、無我を説くと思われる仏教のなかに、なんと我を認める部派もありました。生死輪廻の主体として、どうしても何らかの我を認めざるをえないというのです。犢子部は、不可説の我（言葉で表せない我）、非即非離蘊の我（五蘊に一致するのでも別でもない我）を説いたと言われます。

一方、今の六宗の最後の諸法但名宗は、世間（迷いの世界）・出世間《しゅっせけん》（悟りの世界）、有漏《うろ》（煩悩の漏泄のある迷いの世界）・無漏《むろ》（煩悩の漏泄のない悟りの世界）の一切の諸法は仮名のみであると説いて、故に一説部という名になっているといいます。一切諸法は仮名のみあって、すべて無体であるが故に空であると説くので、大乗仏教の立場と非常に近いものですが、これは分析的な空観（析空）であって、直感的に空を体得する立場（体空）ではない、と言います。

そうしたなか、常に小乗仏教の代表として語られるのが、説一切有部です。前の十宗判では、第二の法有我無宗に分類されている部派です。説一切有部では、世界の構成要素としての法として、色法《しきほう》・心王《しんのう》・心所有《しんじょう》法《ほう》・不相応法《ふそうおうぼう》（つぶさには、非色非心不相応行法という）・無為法《むいほう》の五つの範疇において、有為法七十二、無為法三、あわせて七十五法を立て、これらの諸法は三世（過去世・現在世・未来世）に実有であると主張しました。そこが、

「三世実有《さんぜじつう》・法体恒有《ほったいごうう》」と言い慣わされています。諸法は一切時に有ると説くので、説一切（時）有部という名称になっているのでしょう。その諸法の作用の縁起によって、世界を説明しようとしたのです。

釈尊の説法に五蘊無我が説かれたように、説一切有部は、七十五の諸法は有るが、我は無いと説く「我空法有《がくうほうう》」の立場に立ち、四諦の観察の修行によって我執を断ち、生死輪廻を脱して涅槃に入るという仏道を説きました。

大乗仏教の担い手は在家

さて、こうした部派仏教では、どの部派にせよ釈尊の教えの内容を深く掘り下げ、体系的な教理の形成に専心しました。それは学問的な精緻さを誇るものではありましたが、民衆にとっては高踏的で遠い存在になっていったことは容易に推察されます。

この傾向に対し、民衆の宗教的な救済を追求する新たな仏教が起きてきます。それが大乗仏教です。

大乗仏教がどのようにして起きてきたのかは、複雑な事情があるようで、簡単に述べることはできません。教理的には、部派仏教の思想を上回る深く緻密なものを説きますし、修行の内容についても、部派仏教より深い禅定《ぜんじょう》や智慧を説いています。しかし一方で、仏教文学の要素が多分に流入しており、また三世十方多仏説《さんぜじっぽうたぶっせつ》（過去・未来・現在の三世の、東西南北四維上下の十方、要は全時間・空間に多数の仏が存在するという説）に立って、さまざまな仏の救済、他力の救いも強調されています。

こうして、広範な人びとの宗教的欲求に応える、新たな仏教が西暦紀元前後の頃、釈尊の仏滅後、四百年ほどして、生まれたのでした。

大乗仏教の修行に関わる重要な教義である六波羅蜜《ろっぱらみつ》（修行の基本的な徳目。布施・持戒・忍辱・精進・禅定・智慧）や十地《じゅうじ》（修行の道程のなかにある十段階の位）などは、仏教文学からの影響と見られています。

また初期大乗仏教経典では、戒律に十善戒が用いられており、これは不婬戒《ふいんかい》（一切の男女関係を認めない）ではない不邪婬戒《ふじゃいんかい》（夫婦以外のよこしまな男女関係を認めない）を含むことから、在家《ざいけ》中心のものです。出家の者は、不婬戒を持たなければならないからです。平川彰《ひらかわあきら》（元東京大学文学部印度哲学科主任教授）は、こうしたことから、大乗仏教の主要な担い手は、在家であると推定しました。その担い手たちは、自分たちの仏教を偉大な教義（マハーヤーナ。大乗）を持つもの、伝統的な部派仏教は劣った教義（ヒーナヤーナ。小乗）を持つものだと喧伝し、自らの仏教を広めて行こうとしたのでした。

初期の経典――『般若経』『華厳経』……

初期大乗仏教経典として、『般若経』、『華厳経』、『法華経』、『無量寿経』などがあります。

そのなかで『般若経』は、一切法は空であり、したがってあらゆるものに執着することから離れよということを説く経典です。一見、消極的のように思われるかもしれませんが、むしろ執着を離れることは自由自在に活動できることを実現するものであり、もっとも積極的な立場を拓こうとするものと言えるでしょう。その基本となるものは『八千頌《はっせんじゅ》般若経』（小品《しょうぼん》般若経）です。これが拡大されたものには、『二万五千頌般若経』（大品《だいぼん》般若経）などがあります。さらに個別のものとして、『金剛般若経』『般若心経』などがあり、密教系のものとして『理趣経《りしゅきょう》』などがあります。

『華厳経』は、漢訳に六十巻本と八十巻本とがあります。教主は盧舎那仏《るしゃなぶつ》（毘盧遮那仏）で、釈尊の成道直後の自内証《じないしょう》（自ら内に覚った）の世界を説くと言われます。しかし実際には菩薩道の道筋を描くことが主なテーマであり、信－十住－十行－十廻向《えこう》－十地－仏と修行が進んでいくことを読み取ることができるものとなっています。後半三分の一は「入法《にゅうほっ》界品《かいぼん》」といい、善財童子《ぜんざいどうじ》が五十三人の善知《ぜんち》識《しき》（自分の徳を高めてくれる友。師）を訪ねて問法する求道遍歴物語が説かれます。『華厳経』にはその他、空観思想・唯心思想・如来蔵思想などが説かれ、さらに「一即一切・一切即一」等の縁起の思想が象徴的に説かれています。

『法華経』は、現在、流布しているもの（羅什《らじゅう》訳）によれば二十八品あり、前半を迹門《しゃくもん》、後半を本門といいます。その主題として、①一乗思想（すべての者が仏になりうるという思想）、②久遠実成《くおんじつじょう》の釈迦牟尼《しゃかむに》仏（永遠の大悲の仏の存在の主張）、③菩薩の使命（伝道の重要性の強調）があるとされます。このほか、「唯仏与仏《ゆいぶつよぶつ》、乃能究尽《ないのうぐうじん》、諸法実相《しょぼうじっそう》」（唯《た》だ仏と仏とのみ乃ち能く諸法の実相を究め尽す）の句があり、その諸法実相は十如是（如是相・如是性・如是体・如是力・如是作・如是因・如是縁・如是果・如是報・如是本末究竟等。詳しくは、省略）で説明されています（岩波文庫『法華経』（上）、六八頁参照）。

『無量寿経』は、阿弥陀仏（無量寿・無量光の仏）の本願について詳しく描く経典です。阿弥陀仏はもと国王なのであり、世自在王仏に出会うことによってみずから仏になろうと決意するのでした。その結果、あらゆる仏の世界を学んで本願（四十八願）を立て、長遠の間修行し、仏となって極楽という名の浄土を完成します。それはすでに十劫《じっこう》の昔のことといいます。本願のなか特に第十八願には「たとい我れ仏となるを得んに、十方の衆生至心に信楽して我国に生まれんと欲して乃至十念せん、もし生まれずんば正覚を取らじ」（修行が進んで仏と成ろうという時に、十方の衆生が至心に私の国に生まれたいと思って、少なくとも十回、念仏したとしよう、にもかかわらず私の国に生まれることができなければ、私の修行がまだまだ足りないので、仏に成るのはやめ、さらに修行しよう）とあり、日本の法然―親鸞など（浄土宗・真宗・時宗《じしゅう》など）は、この願によってこそ救われるとしました。浄土教は、他の『阿弥陀経』、『観無量寿経』をあわせた浄土三部経によっているとされます。

このほか、大乗仏教の進展にともなって、「一切衆生、悉有仏性」を説く『涅槃経』、在家の居士《こじ》が主人公で、「衆生病む、故に我れ病む」などと説く『維摩経』、女性の勝鬘夫人《しょうまんぶにん》が主人公で、如来の常住の大悲を説く『勝鬘経』、阿頼耶識《あらやしき》と如来蔵の融合を説く『楞伽《りょうが》経《きょう》』、唯識思想を明かした『解深密経《げじんみっきょう》』なども制作されました。

龍樹と弟子たち

一方、二、三世紀には龍樹《りゅうじゅ》（ナーガールジュナ。一五〇～二五〇頃）が現れ、『中論頌』を著して般若中観の根本テキストを世に提供しました。『中論頌』は、主語―述語によって語られる文章としてのあらゆる言語表現（命題）は、事実に合致していないと分析し、戯論《けろん》寂滅《じゃくめつ》の世界に真理を見出そうとするものです。一種の言語批判の哲学を展開するのです。『中論』の冒頭には、「不生不滅《ふしょうふめつ》、不常不断《ふじょうふだん》、不一不異《ふいつふい》、不来不出《ふらいふしゅつ》」（生ずるのでもなく滅するのでもない、常住でもなく断滅するのでも、同じでもなく異なるのでもない、来るのでもなく出る〈去る〉

のでもない）を説く「帰敬頌《ききょうじゅ》」が置かれていて、ここから八不中道がいわれるようになり、また『中論』のなかには、空・仮・中の三諦（三つの真理）が示されていて、後に天台宗にも大きな影響を与えました。

龍樹には、他に『廻諍論《えじょうろん》』、『宝行王正論《ほうぎょうおうしょうろん》』などの著作もあったとされ、また『大品般若経《だいぼんはんにゃきょう》』の註釈である『大智度論《だいちどろん》』、『十地経』の註釈である『十住毘婆沙論《じゅうじゅうびばしゃろん》』も龍樹の作と言われています。これらの業績から、龍樹は八宗の祖師と言われました。

弟子に、『百論』、『四百論』を著した聖提婆《しょうだいば》（アーリヤデーヴァ。一七〇～二七〇頃）がいます。これらの論師らの系統を中観派と呼びますが、その学派が明確になったのは、仏護《ぶつご》（ブッダパーリタ。四七〇～五四〇頃）あたりからのようです。仏護は『中論頌』への注釈書を著しています。

この仏護を批判したのが清弁《しょうべん》（バヴィヤ、バーヴァヴィヴェーカ。四九〇～五七〇頃）でした。清弁もまた『中論』の注釈書の『般若灯論』や、『中観心論思択焔《しちゃくえん》』、『大乗掌珍論《しょうちんろん》』を著しています。仏護の系統はプラーサンギカ派（帰謬《きびゅう》論証派）といい、何か真理に関して肯定的に主張すると、それはすべて誤謬に帰するとしました。これに対し清弁の系統は、スヴァータントリカ派（自立論証派）と呼ばれ、言語・論理によって真理を表現できるとの立場に立ちました。

仏護の系統の月称《げっしょう》（チャンドラキールティ。六〇〇～六五〇頃）は、清弁を激しく批判しています。月称には、『中論』の注釈書、『プラサンナパダー』（浄明句《じょうみょうく》）の著作や『入中論《にゅうちゅうろん》』があります。これら中観派の思想は、チベットにおいて受け継がれていくのでした。

無著・世親と瑜伽行派

一方、五世紀には無著《むじゃく》（アサンガ。三九五～四七〇頃）・世親《せしん》（ヴァスバンドゥ。四〇〇～四八〇頃）が、世界は唯だ識（心）が現し出した映像のみであるとする唯識の思想体系を確立します。無著には、『摂大乗論《しょうだいじょうろん》』（大乗仏教の綱要書）、『大乗阿毘達磨集論《あびだつまじゅうろん》』などの著作があり、その実弟・世親には、弥勒《みろく》作とされる『中辺分別論頌《ちゅうべんふんべつろんじゅ》』や無著の『摂《しょう》大乗論』への註釈、および『唯識二十論』、『唯識三十頌』の著作があります。じつは小乗の説一切有部の教理をまとめた『倶舎論《くしゃろん》』もこの世親の著と考えられています。

唯識思想とは、自我（我）であれ、もの（法）であれ、常住の本体を持つと実体視されたものはいかに虚妄な存在であるかを、われわれの認識の構造などから説明しています。その唯識の識には、眼識《げんしき》・耳識《にしき》・鼻識《びしき》・舌識《ぜっしき》・身識《しんしき》・意識のみならず、第七の末那識《まなしき》や第八の阿頼耶識《あらやしき》を立て、この八識によって人間や世界を説明しました。また、説一切有部の世界の分析、五位七十五法《ごいしちじゅうごほう》を大乗空観の立場から再解釈して、五位百法としての諸法の体系を提示し、大乗仏教の基礎を確立しました。

しかし、その思想内容は単なる分析的知性に基づくものではなく、瑜伽行《ゆがぎょう》（ヨーガ）の実践に基づくものでもあり、したがって唯識思想を奉じる学派を瑜伽行派（ヨーガーチャラ）と呼びます。

無著・世親以後も、唯識思想はさかんに研究されています。特に世親の『唯識三十頌』は後の唯識思想家（論師）がこぞって研究しています。中国の唐の時代の玄奘三蔵は、ナーランダー寺においてこの唯識思想を深く学び、これを中国にもたらし、法相宗が成立しますが、その根本聖典、『成唯識論』は、『唯識三十頌』の詳細な注釈書で、特にインドの護法（ダルマパーラ。五三〇～五六一）－戒賢《かいげん》（シーラバドラ。五二九～六四五）の流れに拠っています。このほか、世親より少し後に、陳那《じんな》（ディグナーガ。四八〇～五四〇頃）が現れており、『集量論《じゅりょうろん》』（プラマーナサムッチャヤ）などを著して仏教論理学の基盤を確立しました。

前者の龍樹を祖としての中観派と、後者の無著・世親を祖として瑜伽行派の、この二学派がその後のインドの大乗仏教の思想を牽引します。中国では、中観派は三論宗に、瑜伽行派は法相宗に引き継がれていきます。

なお、『華厳経』を淵源として、「一切の衆生は如来の胎児を有している」と説く、如来蔵思想も説かれるようになり、その思想を唱える『如来蔵経』や『宝性論《ほうしょうろん》』なども作られています。また如来蔵思想と関係が深い他の経典としては、『涅槃経』や『勝鬘経』、あるいは『楞伽経』などがあります。この如来蔵思想の発生は、唯識思想の成立よりやや早いようです。この如来蔵思想を奉じる学派は、インドでは形成されていないようですが、後の大乗仏教、そして特に密教には、思想的に大きな影響を与えています。

大乗仏教と部派仏教――「我空法有」と「我法倶空」

これら大乗仏教が部派仏教つまり小乗仏教と何が異なるのかと言えば、小乗仏教としては主に説一切有部を念頭におくとして、それは世界を構成している諸要素（諸法）は有るが、変わらない自我はないという、「我《が》空法有《くうほうう》」の立場であるのに対して、大乗仏教ではその世界を構成する諸要素（諸法）も変わらない本体を持つものではなく、無自性・空であると認め、すなわち一切法空の説を宣揚し、「我《が》法倶《ほうぐ》空《くう》」の立場に立つことです。

この我（アートマン）と法（ダルマ）について、ここでやや詳しく説明しますと、我とは、「常・一・主・宰」と定義されるものでした。常住で、不変で、しかも主体であるような存在と見なされたものです。一方、法は千変万化する世界にて自己自身を保つもののことであり、その意味で、世界の構成要素のことです。「任持《にんじ》自性《じしょう》、軌生物解《きしょうもつげ》」（自性を任持して、軌として物の解を生ず。つまり千変万化する世界のなかで自分自身を保ち続けて、軌範となって物の解を生ずるもの）と定義され、説一切有部では五位七十五法として分析され、大乗唯識では五位百法として分析されています。この五位とは、説一切有部によれば、色法（物質的なもの）・心王・心所有法（心理的なもの）・不相応法（物でも心でもないもの）・無為法（変化のないもの）で、唯識説では順序が変わりますが、同じ分類となっています。

これらの物質的・心理的諸法への執着が法執《ほっしゅう》というものですが、ごく簡単に言えば、ものに対する執着と言ってよいでしょう。すでに述べたように、小乗仏教では我の空のみを説き、我執のみを断って、生死輪廻を脱し涅槃に入ることを目標にしますが、大乗仏教では、我・法ともに空であると説き、我執と法執の双方ともに断って、涅槃のみならず、菩提すなわち覚りの智慧をも実現し、仏と成ることをめざします。法執を断つことによって菩提が実現するというのです。

その智慧が実現しますと、すべては空を本性としていることを洞察していますから、地獄・餓鬼・畜生など、どこにでも入っていって自在に活動することができます。生死輪廻の世界を超えた寂静なる涅槃に入り込むのではなく、むしろ生死輪廻の世界に出てきて、苦しんでいる衆生を救済する活動に励んでやまない、ということになります。こうして、生死にも住さないが涅槃にも住さない、どこにも住さないところに涅槃を見出すことになり、この涅槃を無住処涅槃と言います。

このように大乗仏教では、我執と法執とを断って、涅槃と菩提（覚りの智慧）を実現し、自らそれらの功徳を受用する（自らを利益する）とともに、他者の苦しみを解決していく（他者を利益する）ことにおいて完全・自在であるような、自利利他円満の仏となることを目標としているのです。

中国・日本の仏教

この大乗仏教において、所依の経典などにより、さまざまな仏教宗派が出現していきます。たとえばインドでは、中観派、瑜伽行派（唯識思想）、如来蔵思想があったことは、すでに述べました。

中国では、隋の時代に中観派系統の、嘉祥《かじょう》大師吉蔵《きちぞう》（五四九〜六二三）を中心とした三論宗、『法華経』と『中論』により独創的な教理を編み出した智顗《ちぎ》（五三八〜五九七）による天台宗が活発に活動しました。唐代には玄奘三蔵（六〇二〜六六四）がインドから将来した唯識思想を奉じる法相宗、さらには『華厳経』の教説に基づく華厳宗などが起こりました。華厳宗の教理の大成者は、賢首大師法蔵（六四四〜七一二）です。

また、インドの菩提達磨が中国に伝えたという禅宗や、浄土三部経（『無量寿経』、『観無量寿経』、『阿弥陀経』）に基づく浄土教も盛んになっています。中国の禅宗の淵源となったと評されるのは、六祖慧能《えのう》（六三八〜七一三）であり、その後、宋代にかけて非常に盛んとなり、五家七宗が成立したとされています。五家は、臨済《りんざい》宗・潙仰《いぎょう》宗・雲門《うんもん》宗・曹洞《そうとう》宗・法《ほう》眼《げん》宗で、これに臨済宗の楊岐《ようぎ》派と黄龍《おうりょう》派を加えたものが七宗です。一方、浄土教は、曇鸞《どんらん》（四七六〜五四二頃）・道綽《どうしゃく》（五六二〜六四五）・善導《ぜんどう》（六一三〜六八一）の流れによって称名念仏の救いが確立されてきます。

日本では奈良時代、中国由来の南都六宗（三論宗・成実宗《じょうじつしゅう》・法相宗・倶舎宗・華厳宗・律宗。成実宗は『成実論』を、倶舎宗は『倶舎論』を研究する学派です）があり、平安時代には最澄（七六六〜八二二）の天台宗、空海（七七四〜八三五）の真言宗が成立しました。最澄の天台宗は、天台教学のほか、禅・密教・律をも研鑽する総合的な仏教になっています。空海の真言宗は、唐の長安で恵果《けいか》阿《あ》闍梨《じゃり》から受け継いだ胎蔵界・金剛界の双方を統合した密教で、空海は顕教も含めた十住心の思想体系を示しました。

平安末から鎌倉時代には、法然（一一三三〜一二一二）の浄土宗、親鸞（一一七三〜一二六三）の真宗、一遍《いっぺん》（一二三九〜一二八九）の時宗、栄西《えいさい》（一一四一〜一二一五）の臨済宗、道元（一二〇〇〜一二五三）の曹洞宗、日蓮（一二二二〜一二八二）の日蓮宗（法華宗）などが現れています。

鎌倉新仏教と言われる禅宗・日蓮宗・浄土教は、実践的な性格が色濃いものです。法相宗、華厳宗や天台宗などにも修行方法の教えがないわけではないのですが、今の鎌倉新仏教は、たしかに自己の救いを末法の世において実現するという性格の強いものです。禅宗は坐禅において悟りを実現しようとします。白隠《はくいん》（一六八五〜一七六八）が中興した臨済宗では公案（修行者に課せられる問題）によって修行して行きます。道元の曹洞宗では坐禅がそのまま悟りの世界の実現だと見るようで、只管打坐《しかんたざ》を唱えます。日蓮宗は天台の教理を受け、『法華経』の題目（南無妙法蓮華経）を唱えるところに一念三千の覚りを実現し、成仏すると説きました。

浄土教には、法然の浄土宗、親鸞の浄土真宗、一遍の時宗がありますが、いずれも、『無量寿経』に説かれた、阿弥陀仏の本願の第十八願によって救われる道を宣べています。法然は念仏による救い、親鸞は信心《しんじん》による救い、一遍は名号《みょうごう》による救いを説いています。

なお、空海や天台の密教という仏教について若干、ふれておきますと、これはインドで七世紀頃、確立された新たな仏教です。大乗仏教の一切法空や慈悲の思想などを受け継ぎながら、主に修行の方法に関して、より迅速に成仏できると唱えました。主な経典として、『大日経』と『金剛頂経』が有名で、これらは唐の時代に中国に漢訳されました。本来、両者は系統の異なるものでしたが、これを統合的に扱ったのは、空海の師の恵果阿闍梨が初めてであったと言われています。

密教——顕教との差別化

インドでは七世紀頃、密教が誕生して後、やがて八世紀半ば頃から後期密教と呼ばれる密教が展開されていき、一三世紀初頭の頃、イスラームによる仏教弾圧を受けてチベットに移され、今に生きています。それらは、タントラと呼ばれる聖典を所依としています。

これに対し、『大日経』、『金剛頂経』の密教は、中期密教と呼ばれるものであり、日本の空海の密教（東密）や天台の密教（台密）は中期密教です。ただし空海の密教は、心を十の段階に分析し、全仏教等をその十の段階に比定した十住心思想（『秘蔵宝鑰《ひぞうほうやく》』や『秘密曼荼《まんだ》羅十住心論《らじゅうじゅうしんろん》』に説かれている）において、法相宗・三論宗・天台宗・華厳宗をしたがえたものとなっており、中国で高度に発達した天台思想や華厳思想をもふまえたものとなっていまして、その点はインドの密教には見られない特徴でしょう。

最澄も空海も、遣唐使とともに唐に渡ったのですが、最澄は上陸後、ただちに天台宗の本拠地である天台山国清寺《こくせいじ》（浙江省天台県）などを訪ねてその教えを学び、密教は帰り際に越州にて多少、受け継いだにとどまりました。一方、空海は唐の都にして国際都市でもある長安まで達して、密教を余すところなく受け継ぎ、それを首尾よく日本にまで持ち帰ることができました。その特質は、攘災招福《じょうさいしょうふく》（災いをはらい、福を招く）と即身成仏《そくしんじょうぶつ》（この世において成仏を果たす）にあると言われています。また密教の覚りの世界を絵図に表したものが曼荼羅だということです。その曼荼羅は、よく宇宙の様子を描いていると言われますが、空海はそれは自己の心の世界そのものだと説いています。ここには、あらゆる他者も自己であることが明かされているのです。

密教は根本の仏を釈尊とはせずに、大日如来としています。密教の説くところによれば、釈尊は密教の諸仏の指導により、密教の行法によって仏（大日如来）になったとされています。その覚りは、一切の他者が自分であることの自覚でした。そこ（自内証の世界）が絵図の曼荼羅にも示されているわけです。

密教は、それまでの仏教を顕教《けんぎょう》と呼び、それらは衆生の宗教的能力（機根）に応じて説かれた方便の教えであると見なしました。これに対し密教は、大日如来が真実を真実のままに説いた教えだと主張します。顕教は、他者に現れる仏（他受用身《たじゅゆうしん》や変化身《へんげしん》。「第七章　仏と成るとは」参照）が、他者の能力を測りつつ説く方便の説法であるのに対し、密教は仏そのもの（自性身《じしょうしん》・自受用身《じじゅゆうしん》。同前）である根本的な仏が真理をそのままに説いた教えだというのです。このように、顕教から自らを差別化しつつ、密教の優位性を訴えたのでした。

以上、原始仏教から密教まで、またインドから日本までのさまざまな仏教の概要を簡略に述べてみました。一口に仏教と言っても、じつにさまざまな仏教があることが知られたと思います。それぞれによって、拠り所とする経論が異なっていたり、そのため世界観や修行方法等がけっこう異なっていたりして、ある事柄に関して、簡単に仏教ではこう見る、などとは本当は言えるものではありません。

以下、本書では主に大乗仏教を中心として、それぞれの主題を論じ、あるいは考察していくつもりです。

他者の問題の解決という目的

この章を終わるに際して、もう一度、小乗仏教と大乗仏教の違いをまとめておきましょう。

小乗仏教は、「我空法有」の立場に立つのでした。これに対し、大乗仏教（密教を含む）は「我法倶空」の立場に立ちます。このことは、小乗仏教では我執のみしか断たないのに対し、大乗仏教では我執と法執の双方を断つことと対応しています。また、小乗仏教では、我執を断って生死輪廻を脱し涅槃を実現し、無為の世界に入ることに満足するにとどまるのに対し、大乗仏教では我執と法執を断って涅槃と菩提を実現し、仏となって、未来永劫、衆生救済の活動に励んでやまないのです。小乗仏教では自利の完成にとどまりますが、大乗仏教では自利利他円満ともなります。言い換えますと、小乗仏教は自己の問題の解決のみを目的とし、大乗仏教は他者の問題の解決がより大きな目的となるのです。

小乗仏教と大乗仏教とは、このような本質的な違いがあります。日本はもっぱら大乗仏教（および密教）を尊重してきましたから、以下には大乗仏教を中心に、その見方・考え方を説明していくことにしたいと思います。

第三章　迷いの構造

私たちの認識は錯覚にすぎない

一般に大乗仏教においては、私たちは悟り（無上正等覚）の実現をめざして修行して行くのでした。このことは、自力聖道門《じりきしょうどうもん》の道（自分で修行して悟りに至る道）ということになるのかもしれません。

一方、他力浄土門《たりきじょうどもん》（み仏の力によってその仏のいる浄土に引き取ってもらい救われる道）においても、仏の願行によって浄土への往生を実現させていただき、そのうえで悟りの成就を果たそうとするのでした。たとえば親鸞は、『正像末和讃《しょうぞうまつわさん》』の冒頭に、「弥陀の本願信ずべし、本願信ずるひとはみな、摂取不捨の利益にて、無上覚をばさとるなり」（『浄土真宗聖典――註釈版』、本願寺出版部、一九八八年、六〇〇頁）と謳っています。

悟りの世界があるということは、私たち日常の認識や理解が、じつは誤ったものであり、錯覚にすぎない、ということを意味しています。では、私たちの通常の認識は、どのように世界の本来の真相とずれたものなのでしょうか。

以下、そのことを主に唯識思想の説くところに尋ねてまいります。唯識思想は、自己と世界のあり方を綿密に分析しており、大乗仏教の教理の基礎をなすものであるからです。

そこで本書は全体的に、唯識思想に基づいて説明していくことを、あらかじめご承知おきください。

自己はあるのか

私たちはふつう、自分という存在があり、環境世界があって、そのなかで生きていると思っています。その自分とは、生まれてから今に至るまで変わらない存在だと、漠然と思っていることでしょう。一方、自分の身の回りにはさまざまなものがあって、それらは個々のものとして存在していると考えられていると思います。それはあまりにも当然なことで、疑う余地もない、と思われていますが、実際には果たしてどうなのでしょうか。

まず、生まれてから今に至るまで変わらない存在としての自分は、本当にあるのでしょうか。身体は、赤ちゃんのときから少年期、青年期、壮年期と、時間とともに成長・変化していきます。老年期に入ると、逆に衰微していくことでしょう。のみならず、身体を構成している個々の細胞は、部位にもよりますが一定期間（数ヵ月から数年）を経て入れ替わっていくと言います。また、我々は、呼吸において酸素を取り入れ、二酸化炭素を吐き出し、水分や食物を摂取し、尿や便を排出して、自己を維持しています。そのように、自己は常に外界との交渉のなかで維持されており、いわば流動的に（動的平衡のもとに）存在しているのであって、それ自体として存在しているものではありません。このように、身体は、ある変わらない存在ではないわけです。

では心に変わらない自己を求められるのでしょうか。しかし心は、具体的な形あるものとして把握できるものではありません。また心はさまざまに変化してやみません。そのつどそのつどの意識に、自己という自覚が伴われていることは事実ですが、またそのつどそのつどにかけがえのない自己の主体的な行為がないわけではありませんが、変わらない自己としての心を求めても、それをつかむことはできないことでしょう。

こうして、変わらない存在としての自己は、なかなか見出せるものではありません。仏教では無我ということを主張するのですが、ここで存在を否定される我とは、あくまでも今、見て来たところの変わらない自己についてなのであり、それは「常・一・主・宰」と定義されるもののことです。常とは常住ということ、一は不変ということです。主宰の主とは、自在の意、宰とは割断の意と言われ、要は自由自在な主体として、種々に判断する主体ということではないかと思います。ともかく、常住・不変でしかも主体であると見なされるような我は存在しないというのが、仏教の独自の主張なのでした。

もちろん、そのつどそのつどかけがえのない主体のはたらきがないわけではないでしょう。そのいのちの流れ（相続）はけっして否定されるわけではありません。しかし仏教ではその主体が、我々凡夫においては、対象的に把握されて、しかもそれを実体的存在と見なし、さらにそれに執着しているところに、我々の迷い（誤認・錯覚）と、苦しみが起きて来る原因があるというのです。西田幾多郎も、最後の論文、「場所的論理と宗教的世界観」において、このことを次のように指摘しています。

仏教に於ては、すべて人間の根本は迷《まよい》にあると考えられていると思う。迷は罪悪の根源である。しかして迷ということは、我々が対象化せられた自己を自己と考えるから起るのである。迷の根源は、自己の対象論理的見方に由るのである。（『西田幾多郎全集』〔旧版〕第十一巻、岩波書店、四一一頁）

自己を対象的に捉え、それに引きずりまわされることに、我々の根本的な問題があるのであり、この立場を透脱して、主体としての自己そのものに生きることを実現することこそが、いわば悟りということになるでしょう。

ものはあるのか

一方、ものは実際に存在しているのでしょうか。たとえばリンゴは本当にあるのでしょうか。リンゴは、数日もすればしなびてきて、ついには腐ってしまうでしょう。ですからリンゴは真にあるとは言えないものです。そのとき仮にその姿を保っているのみです。

では机はあるでしょうか。机は、天板・側板・脚などの組み合わせにおいて存在してい るわけですから、机という一つの存在（実体）があるわけではありません。この世には、そのようなものがほとんどでしょう。洋服は、糸の集成であって、服というある一つのものがあるわけではありません。陶器は、土の微粒子の集成であり、ある一つの実体として個々の陶器があるわけではありません。

しかも今日の科学的な見方からすれば、すべての物質的存在は、分子、原子の集まりであり、その原子は陽子・電子などから成り、さらに素粒子から成り立っていると言います。その素粒子は、常に運動しているようで、しかも時間的に生滅しているとも言います。要は、物質の究極を尋ねても、変わらない存在はないということです。すべてはそれぞれ一時的に一定の形状を保っているのみだということになります。

ここを、仏教は、諸行無常と表現したのでした。

ところが、我々凡夫は、ものもそれぞれ変わらない存在として有ると思いなし、それらに執着して、それらに振り回され、苦しみを生じることになります。その際、ものがあると思うのは、言葉を通してであることがほとんどでしょう。本来、事として相続されているのみの世界に、言葉によってそれに見合うものがあると考え、変わらない実体的存在を認めてしまい、執着してしまうというのです。その執着の前提に、事のもの化があります。

そうすると、世界には、じつは変わらない自我もないし、変わらないものもないのが真実である、ということになるでしょう。

言葉以前の世界

今、我々がものなどの存在を認めてしまうのは、言葉をとおして世界を把握するからだ、ということを述べました。このことを、もう少し詳しく分析してみましょう。

我々は言語を駆使する生きものとして、生物のなかでも独自の存在であるわけですが、では我々は言葉を、何に対して適用しているのでしょうか。ふつうは、外界の存在などに対して、言葉を立てると考えられているでしょう。しかし、外界は、我々の感覚、五感をとおして、我々に知られます。我々が知っている外界は、その感覚以外にはありません。とすれば、我々は五感で感知された世界に対して、意識が言語を立て、そこにものなどを認識しているということになるでしょう。

では感覚、すなわち五感の世界とは、どのようなものなのでしょうか。五感とは、視覚・聴覚・嗅覚・味覚・触覚のことですが、仏教ではこれらを眼識《げんしき》・耳識《にしき》・鼻識《びしき》・舌識《ぜっしき》・

身識《しんしき》と言っています。唯識思想では、眼識はそのなかに色を浮かべてそれを見るもの、耳識はそのなかに音を浮かべてそれを聞くものなどと考えられており、感覚対象はそれぞれの感覚のなかにあるものと考えられています。

その際、まず五感はそれぞれ別のものであることに留意すべきです。我々が外界と最初に接触すると思われる五感の世界は、じつはもともと各別の世界のはずです。眼は色を、耳は音を、鼻は匂いを、舌は味を、身体は感触などを、それぞれ別々に感覚していて、五感そのものの地平では、そうしたそれぞれ別々の感覚しかありません。つまり、我々は感覚の地平では、ものをものとして知覚することはないということです。

しかも五感のおのおのは、時間の経緯にしたがって、時に明瞭に、時に微妙に変化していると考えられます。同じ一つのものを見ていたとして、光のさし具合の変化があれば、そのことに応じて視覚の内容もまた変化しているはずです。自ら顔の向きを変えれば、そこでも視覚の内容は変化します。じつは視覚内容、さらには五感の内容は、しょっちゅう変化しているのが実情でしょう。そこに一定の、変わらない感覚の持続などはないに違いありません。まさに事の世界があるのみということです。

さらに、五感の世界には、分別はありません。眼識が、これは青い、これは黄色い、とか、これは濃い色だ、これは薄めの色だとか判断はしません。もちろん、眼識が過去の色を見ることも、未来の色を見ることもありません。現在のみの、ただその色のみを見ているだけ（むしろ見えているだけ）で、そこに分別は入りません。無分別の世界なのです。五感のおのおのが、こうした性格を有しているわけです。

そういう五感の流れが、まず我々に与えられているわけで、それらに対し、意識は言葉を用いて、それらの五感を束ね、そこにリンゴがある、机がある、などと認識していくのでしょう。そのように言葉以前の世界は、別々の、無分別の、五感の流れ（相続）の世界があるのみです。このように、ものも自我も、後から言葉を通して仮構されたにすぎないものなのです。ですから、そこに実体的存在（常住の本体を持つ存在）があると見なすのは、なんと虚妄《こもう》な認識でしかなく、じつは錯覚にほかならないのです。

言語というものの特質──名詞は「他の否定」

しかも言葉は、けっしてもとより自律的に存在しているものに対応したものなのではありません。もし外界に自律的に存在しているものがあって、言語はそれらに対応しているのであれば、どの国の言語の名詞も、大体、同じものとなるはずです。しかしたとえば、英語ではツリーとウッドとを分けますが、日本語ではどちらも木で表せます。英語ではデスクとテーブルは異なるもののようですが、日本語ではどちらも机で間に合います。

一方、日本語では、水とお湯は異なるものですが、英語ではどちらもウォーターであり、ホットかどうかの違いのみです。日本語では、兄と弟がいて兄弟になりますが、英語ではまずブラザーがあって、そのなかで年上か若いかで兄と弟が区別されます。日本語では、本来、同じ鰤の魚が、ワラサ、ハマチ、ブリなどと成長につれて呼び名が変わりますが、他国でここまで異なる名前があるわけではないでしょう。フランス語では、魚の名前はひじょうに少ないと言います。

このように、すでに外界に自律的に存在しているものがあって、それらに対応して言語があるわけではなく、言語はその国語ごとの、世界の切り分け方、分節の仕方を示したものにほかならないのです。ですから、言葉通りに、外界が成立しているわけでもないのです。

しかも言葉、特に名詞の特徴として、名前は必ずしもその対象をポジティブに表すわけでもありません。以下は、仏教論理学者のディグナーガ（陳那《じんな》。四八〇〜五四〇頃）の議論ですが、一般名詞、たとえば牛という語は、特定の牛（個物としての牛）を表すわけではありません。牛の語がもしも特定の牛を意味するとしたら、その他の牛にその牛の語を用いることはできなくなってしまいます。そこで牛一般（一般者としての牛）を表すということになりますが、では牛の一般者（普遍）は、存在するのでしょうか。そういう、いわば形而上学的な一般者なるものが、実在するとは思えません。では、牛という名前は、何を表しているのでしょうか。ディグナーガによれば、それは馬でもない、羊でもない、猿でもない、そういう、たかだか牛でないものではない（非牛の否定）、ということしか表していないというのです。

たとえば、同じ一群の動物に対して、犬と狼の二つの分節しか持たない言語と、犬と山犬と狼という三つの分節を持つ言語とがあるとして、前者では、犬は狼ではないものを意味しますが、後者では犬は山犬と狼ではないものを意味することになります。あるいは、前者では山犬は犬ではないものを意味しますが、後者では山犬は犬でも狼でもないものを意味します。というわけで、名詞は、隣接する他の名詞によって囲まれた範囲のものを意味するのみだというのです。つまり自律的な意味を有したもの（ポジティブ）なのではなく、他の否定の意味しかないもの（ネガティブ）なのです。

こうして、牛は牛でないものではないもの、非牛の否定を意味するのでしかないということになります。名詞の本質は、「他の否定」（アニヤーポーハ）でしかない、これがディグナーガの議論です。

そういう、他との相互限定においてのみ意味を持つ名詞を、五感の流れの束に対して適用することによって、その名詞に見合うものが自律的（ポジティブ）に存在していると錯覚してしまうことになります。そこに、事のもの化、実体的存在の誤認という事態が起きることになります。ここに、我々の迷いの認識の根本があるわけです。

というわけで、我々は、言語を修得していくなかで、事の世界をもの化し、自我とものを実体視していくことになります。しかしその実体視されたものは、錯覚のうちに有ると見なされたのみに過ぎず、まったく有るものではありません。有るのは時々刻々変化していく現象世界のみです。そういうことを、唯識説ではより精確に理論的に説明して、我執と法執とから離れさせようとするのです。実際には、六波羅蜜などの修行を経て、言葉とその対象の関係を見究める観察行（いわば唯識観と言うべき観法。詳しくは四種尋思《じんし》・四如実智《にょじっち》）を修することによって、一定の悟りも開かれていくことになります。

唯識思想が説く三性説

その修行の道筋はいずれまた説明するとして、以上のような存在・言語・認識を総合的に考察した理論が、唯識思想に説く「三性説《さんしょうせつ》」です。この三性とは、遍計所執性《へんげしょしゅうしょう》・依他起《えたき》性《しょう》・円成実性《えんじょうじっしょう》というもので、三つの存在のあり方を表すものです。

上述の説明に寄せて言えば、依他起性は事の世界のこと、時々刻々変化していく現象世界のことです。遍計所執性は、事の世界のうえに、主に言語を通じて実体化された、自我ともの世界です。これは錯覚のうちに有ると捉えている世界です。円成実性とは、事の世界の本性のことで、それは空性《くうしょう》なるものであり、これをまた法性《ほっしょう》とも真如《しんにょ》とも言います。これらの分析によって、我々が有ると思っているものが、いかに本来、存在しないものであるかが知られてきます。我々の迷いの構造が見事に解明されているのです。以下、これら三性について、もうすこし詳しく説明してまいりましょう。

このうち、中心になるのは依他起性で、それは他に依って起きるものの意ですから縁起の世界のことでもありますが、要は現象世界のことです。これを唯識の理論から言えば、眼識に色が現れ、耳識に声（音）が現れ、ないし意識には一切法が現れるという、八識の相分《そうぶん》・見分《けんぶん》（それぞれの識のなかにある見られる側と見る側）の世界ということになります。もちろんこの世界は、阿頼耶識縁起《あらやしきえんぎ》のなかで成立しているわけです。

今、相分・見分という語を用いましたが、ここで唯識思想が説く識とはどのようなものかについて、少し説明しておきましょう。識は、単なる主観ではありません。今、述べたように、それ自身のなかに対象を持つものが識なのです。識には、そのなかに、対象面と主観面とがあるものなのです。その対象面を相分、主観面を見分と呼ぶのです。たとえば眼識が青い色を見ているとして、その場合は眼識の相分に青色を浮かべて、それを見分が見ているということになります。

ここに相分と見分があると説かれはしますが、五感の識（前五識《ぜんごしき》）の場合、この相分に対する見分に対象的分別があるわけではなく、むしろ無分別で直覚的です。ただそこに色や音などが現れていることに関して、このように相分－見分の説明によって理論化しているわけです。この一つの識のなかに相分と見分があることは、われわれの意識において、意識のなかに知覚の対象を有していることからも、類推されるかもしれません。

じつは識において、見分が見た内容を確認する自証分《じしょうぶん》もあり、自証分が見た内容を確認する証自証分《しょうじしょうぶん》もあるとされています。ただ、証自証分が見たものは自証分が確認するのであり、つまり自証分と証自証分とは相互に確認し合うので、これ以上、内部構造が展開するわけではありません。この識の見方は、四分説と言われています。

ともあれ、識にはどの識であれ、少なくとも相分が内在しているのであり、識というものは識のなかの対象を見ているものなのです。

しかも七転識《しちてんじき》（眼識から末那識までをいう）と阿頼耶識の間での相互交渉（種子生《しゅうじしょう》現行《げんぎょう》・現行《げんぎょう》熏種子《くんしゅうじ》。このことは、「第四章　世界の分析」、一〇九〜一一〇頁、および「第六章　生死輪廻のしくみ」、一七二〜一七四頁を参照ください）という、阿頼耶識縁起のからくりのなかで、その八識全体が刹那刹那、生じては滅し生じては滅ししつつ（このことを「刹那滅《せつなめつ》」といいます）相続されています。その八識の相分・見分のなかで、見たり聞いたり考えたりが行われているわけですが、その限りでは変化してやまない「事」の世界（現象世界）です。これが依他起性の世界です。その「事」の世界に対し、主に第六意識が言語を通じて固定的な実体的存在として把握し、しかも執着されたもの、「事」に対する「もの」が遍計所執性です。

ちなみに、第六意識のはたらきのすべてが、遍計所執性を産み出すわけではありません。意識は仏教の教えを理解することもできますし、修行（善）を志向することもできます。習慣的に事柄に対処するような場合も、特に実体的存在を執着しているわけではない場合もあります。あくまでも意識が種々の言語活動を通じて実体的存在を認めそれに執着している場合に、そこに遍計所執性が産出されてしまうのです。なお、第七末那識が執着している我も、遍計所執性に含まれます。要は、常住の本体を持つと見なされた実体的な我と法、いわゆる実我・実法と呼ばれるものが、遍計所執性です。

依他起性と円成実性

一方、依他起性の世界は、縁起の世界であり、刹那刹那、生じては滅し生じては滅ししているもの（刹那滅）であり、六境（色・声・香・味・触・法）は影像（映像）にすぎません。つまり自己の本体を持たず、無自性《むじしょう》・空です。この空というあり方、すなわち空性は、相続され変化していく依他起性を通じて変わるものではありません。依他起性の世界そのものは、時々刻々変化してやみません。しかしその本性、すなわち無自性・空であること、空性は、変わらない真実です。この変わらない真実を、円成実性というのです。

この空性は、諸法の本性として法性とも呼ばれ、また同じものが真如とも呼ばれます。これらの異なる名前は、同じものを指しているのです。真如は、漢訳に基づいて、真実・如常《にょじょう》と説明されたりしますが、この空なる本性は、我々が迷っていても覚ったとしても、変わることはありません。そこに、如常の意味があります。よく真如をありのままと訳したりしますが、本来は、如は同一性・無変化性（そのまま）を意味し、迷いの時代・修行の時代・仏の時代を通じて変わらないありかたを意味するものです。

ですから、我々はどんなに執着を起こしあるいは迷って焦っていても、その活動の本性は空性であって、じつは我々はそのなかにいるわけです。のちに自性清浄涅槃《じしょうしょうじょうねはん》という、凡夫であっても今・ここで涅槃のなかにいるという説を見るのですが（「第七章　仏と成るとは」）、三性説のほうでいうと、自性円成実というものも説かれているのです。円成実という語は、円満（完全）・成就（すでに完成）・実性（本性）を意味するのであり、この成就はこれから成就するの意味ではなく、すでに成就しているの意味です。

というわけで、円成実性は依他起性の本性ですから、依他起性と離れてどこかに有るものではありません（不異）。また依他起性が変化して円成実性になるのでもありません。依他起性は、修行の完遂を経て、八識（眼識・耳識・鼻識・舌識・身識・意識・末那識・阿頼耶識。「第四章　世界の分析」、一〇九頁以下参照）の相続（有漏有為《うろうい》）から四智（大円鏡智《だいえんきょうち》・平等性智《びょうどうしょうち》・妙観《みょうかん》察智《ざっち》・成所作智《じょうしょさち》。「第七章　仏と成るとは」、一九四頁以下参照）の相続（無漏有為《むろうい》）に変化しますが、その始終を通じて、依他起性の脚下にある円成実性は、常に変わりません。依他起性は有為法の変化・相続される世界、円成実性は空性・真如として変化しない無為法です。そこで両者は同じものとも言えないわけです（不二）。こうして、依他起性と円成実性とは、不一・不異の関係にあると示されています。

ちなみに、依他起性は、八識の相分・見分などですから、つまり自己という現象の総体ということができます。この自己という現象がその本性である空性と一つであることは、たとえば『般若心経』の「色即是空、空即是色、受想行識、亦復如是《やくぶにょぜ》」にも見出されます。「受想行識、亦復如是」とありますが、これは、五蘊（色・受・想・行・識）のなかの色（物質的現象）のみでなく、受・想・行・識（の心理的現象）も同様と言っているものです。ですからここは、「五蘊即是空、空即是五蘊」ということを言っているのにもほかなりません。五蘊は身心の個体のことであり、言い換えれば自己のことですから、「自己即是空、空即是自己」であるに違いありません。一方、ここでの空は、本来は空性のことです。そこで『般若心経』の「色即是空、空即是色、受想行識、亦復如是」は、唯識思想が明かす、依他起性と円成実性の不一・不異にほかならないわけです。

『唯識三十頌』では、この依他起性と円成実性の関係を「非異・非不異」（非異・非一）と示し、それは無常なるものと無常性との関係のようであると明かしています（第二二頌前半。新導本『成唯識論』巻第八、二七頁）。この「無常なるものと無常性との関係」とは、特殊と普遍、あるいは個物と一般者の関係というべきものです。

たとえば、京都・円山公園の枝垂れ桜は桜ですが、しかしそれは、すべての品種の桜を包摂するような桜と同一ではありません。ここに、非異・非不異という関係があります。依他起性はそのつどそのつどかけがえのない事象ですが、それらを貫く普遍的な本性が円成実性であり、この両者の関係は、個物と一般者の関係に等しい、というわけです。そのように、自己は法性・真如と不一・不異なるものであることに、その実相、真相があるということになります。

なお、「円成実性（＝真如）を見（証し）なければ、依他起性を空なる現象と見ることはできないのである」（第二二頌後半。同前）との事情も見逃すことはできません。我々は、以上のような唯識の教説を学ぶことによって、本来、世界は縁起における成立で、無自性・空であるとの理解を深めることができます。しかしこの依他起性すなわち自己と世界を真に空なる世界と洞察することは、無分別智《むふんべつち》によって真如（＝円成実性）を証してはじめて可能となると言うのです。それは、無分別智の悟りが開けると、すぐに分析的な智慧である後得智が成立して、その後得智によってはっきり認証されるからでしょう。

ともあれ、仏教は、ただ差別を超えた平等に帰して終わりというものではありません。悟ったからといって、依他起性がなくなって円成実性だけになるということはありません。依他起性と円成実性とが、不一・不異のありかたにおいて、どこまでも相続されていくのです。したがって、「自己即是空、空即是自己」にして、しかもその「即是」の内実は不一・不異（即非）であるという実相を徹見し、その自己を生きるところに本来の自己が回復されるのです。

やや横道に入りましたが、ともあれ、依他起性と円成実性とは、不一・不異の関係にあります。そういう円成実性を本質とする依他起性、すなわち八識の相分・見分のうえに、遍計所執性が錯覚のうちに捉えられているということになります。

以上、私たちがふだん認識している世界が、どのようなわけで迷いの認識であり、錯覚であり、顛倒妄想にすぎないのかについて、唯識思想の三性説が解明している様子を紹介しました。そういうわけで、私たちは迷いの認識を超えて、諸法の実相、自己の実相を見究めていかなければならないということになるわけです。

三無性説——一切法空の内実

さて、今の三性説とうらはらの教説に、三無性説《さんむしょうせつ》というものがあります。そこでついでに、この教えについても紹介しておきましょう。

三無性説とは、今の三性のそれぞれが無自性でもあるということを明かすものです。すなわち、遍計所執性に対しては相無性《そうむしょう》、依他起性に対しては生無性《しょうむしょう》、円成実性に対しては勝義無性《しょうぎむしょう》を言うもので、以下、その内容を簡単に説明します。

相無性とは、相とありますがじつは体相（＝体）がないということを意味するものです。遍計所執性（実我・実法）は虚妄な錯覚のうちに有るとみなされたものなので、まったく体の無いものであることを示すものです。生無性は、依他起性（現象世界）は縁起によって生まれるものなので、自ら生まれるものでないということ、つまり自然生《じねんしょう》ではない、ということを示すものです。勝義無性は、円成実性に遍計所執性が本来、まったくないことを意味するもので、つまり勝義（円成実性）には、遍計所執性が無いことを示しています。

なぜこのような教えが説かれているかというと、小乗仏教では我（アートマン）は無いけれども法（ダルマ）は有ると説きました。これに対し、大乗仏教の『般若経』などは、ダルマも縁起の存在で無自性であり、一切法空であると説きました。ところが、一切法空というこの言葉は、世界には何も無いとする、きわめて消極的な世界観（ニヒリズム）を導きかねませんでした。そこで、一切法空といっても、そこで否定されたものはまったく誤解のうちに有ると見なされたものについてのみであり、縁起により生成している現象界やその本性としての不生不滅なるものがまったくないわけではない、ということを明らかにするために、まず三性が分析され、それらに応じてそれぞれの異なる無自性の意味を明かして、一切法空ということの内実を、さらに詳しく明らかにしたのだと言われます。
このことが、『唯識三十頌』に、次のように説かれています。頌とは、詩のことです。

即ち此の三性に依って、彼の三無性を立つ、
故に仏、密意をもって、一切の法は性無しと説きたまう。(二三頌)
初のには即ち相無性をいう、次のには無自然の性をいう、
後のには前《さき》の所執の我・法を遠離せるに由る性をいう。(二四頌)
(新導本『成唯識論』巻第九、一頁)

無自性といっても本来、存在の三つのありかたに応じてそれぞれに固有の意味があるのであり、それを明かすのが三無性説である、したがってただ一切法空とのみ説いた言葉は、まだより深い真実をのべたものではない、まだ真実を説き尽くさない立場(密意)に

よってとかれたものにすぎない、というわけです。

唯識の世界の根本は

さて、『唯識三十頌』では、この頌の次に、次のような頌があります。

此れは諸法の勝義なり、亦《ま》たは即ち是れ真如なり、
常如にして、其の性たるが故に、即ち唯識の実性なり。（二五頌）（同前）

「此れ」とは、円成実性の勝義無性を指します。第二句以下に、それを真如とも言うとし、その真如の意味を、常如にしてその（真実）性であること、真実・如常の意であることを明かしています。その諸法（依他起性）の本性としての真如（円成実性）は、空性そのものでもあり、それは我々がどんなに煩悩を起こし自我とものに執着していても、首尾よく修行を果たして仏に成ったとしても、変わらないものです。そこが如常ということの意味です。その真如が、唯識の実性であると言っています。もちろん、一方では、円成実性と依他起性とは、不一・不異（非異・非不異）の関係にあり、依他起性を離れたものではありません。そのなかにあって、唯識の世界の根本（本性）、唯識実性は、円成実性にして、か

つ勝義無性なるものに他ならないのです。

なお、この勝義無性の語をめぐって、『成唯識論』では世俗諦・勝義諦の二諦（諦は真理のこと）の一つ、勝義諦についての唯識思想による見方が議論されています。

世俗諦と勝義諦という二諦説は、仏教における重要な教理ですが、唯識思想においては、単純な二諦説ではなく、四重の二諦説を説いています。すなわち、真理といっても、それには重層性があることを認識すべきなのです。以下はご参考までですが、次のようになります。この場合、勝義とは、より深い真理と受け止めておけばよいでしょう。

然も勝義諦に略して四種有り。
一には世間勝義。謂く、蘊・処・界の等《ごと》きぞ。
二には道理勝義。謂く、苦等の四諦ぞ。
三には証得勝義。謂く、二空真如ぞ。
四には勝義勝義。謂く、一真法界《いっしんほっかい》ぞ。（新導本『成唯識論』巻第九、二～三頁）

今、これらについての詳しい説明は省きますが、ここに説かれた勝義勝義諦とは一真法界であるという説示は、究極の真理は言葉を離れた世界であることを意味しており、すなわち究極の真理はそれそのものの世界にあるということです。そこは離言真如《りごんしんにょ》といってもよいでしょう。究極の真理は、覚者の自内証の世界にあるのであり、いかなる意味でも言語を離れた世界に見出されるべきものなのです。

虚妄な認識の下の深みのある世界

以上、我々の迷いの構造が唯識思想の三性説において明かされており、かつそこに説かれる円成実性に関しては、同時に勝義無性であり、さらには勝義勝義であって、それは一真法界に窮まることをご紹介しました。

我々はふだん、自我を執着しものを執着しています。生まれて以来、変わらない自分があると思い、その自我にしがみついてそのために種々の苦しみを味わったり、欲しいものがいろいろあって、それらを追求し、むしろそれらに振り回されたりしています。その対象は、物とは限らず、名誉や権力などのこともあり、それらはその人にとって絶対視されて、それが得られないと悶々と苦しみます。そういう場合、じつは自分と自分を取り巻く世界の事実・真実を見抜けていない状況にあります。

しかし仏教を学べば、ものがあるといった、ごくふつうの常識的な了解がいかに虚妄な思い込みにすぎないかを知らされます。その虚妄な認識の下に横たわる事実の世界は、空・無自性にして縁起のなかに成立している現象世界と、その本性としての不変なる世界（空性＝法性＝真如）とが一体となった、なかなかに深みのある世界であることが、仏教においては「三性説」というかたちで分析・洞察されていたのでした。

第四章　世界の分析

現象世界はどう把握されるべきか

私たちは、本来、刻々とかわりゆく現象世界に対し、主に言語を通して、常住の本体を持つものや変わらない自我を認め、しかもそれらの虚妄な錯覚に執着しているのでした。では、そうした迷いの認識の基盤にある現象世界そのものは、どのように把握されるべきなのでしょうか。本章では、そのことを尋ねてまいります。

すでにその現象世界は実体的な存在の世界ではないとはいえ、我々がそこにものや自我を認めてしまう背景には、何らかそうした認識をもたらす一定の秩序のようなものがあるものと考えられるでしょう。そのことは主に、唯識思想に説かれた世界の分析としての五《ご》位百法《いひゃっぽう》の教説に見出すことができます。それは大乗のアビダルマ（諸法の分析）として、大乗仏教各宗に共通の世界観を明かすものとなっていますので、多少ややこしいかもしれませんが、ぜひこれを理解しておいてほしいと思います。

五蘊・十二処・十八界

釈尊の説法に、「五蘊無我」の教えがありました。この内容についてはすでに述べましたが、個体もしくは世界に関して、色蘊・受蘊・想蘊・行蘊・識蘊という、物質的および精神的諸要素はあるが、常住で不変でしかも主体であるような我は存在しないと説明していました。ここに仏教の世界観の根本があると言ってよいでしょう。

この五蘊と同じような世界の分析として、さらに十二処や十八界があります。よく五蘊・十二処・十八界とまとめて言われ、初期仏教の基本的な世界観を示すものとされています。そのうち、十二処は、眼根《げんこん》・耳根《にこん》・鼻根・舌根・身根・意根、および色境《しききょう》・声《しょう》境《きょう》・香境《こうきょう》・味境《みきょう》・触境《そくきょう》・法境というもので、五つの感覚器官および知覚器官（六根）と、五つの感覚対象および知覚対象（六境）によって世界を見るものです。この場合、感覚・知覚そのものとしての心理現象（六識）は意根に含めています。

この意根から五つの感覚および知覚そのもの（六識）を開いたのが十八界で、眼根・耳根・鼻根・舌根・身根・意根、色境・声境・香境・味境・触境・法境、眼識・耳識・鼻識・舌識・身識・意識の、六根・六境・六識によって世界を見るものです。

私たちは通常、世界には茶碗や机やリンゴや竹など、さまざまなものがそのままに存在していると思っていますが、以上の五蘊・十二処・十八界は、それらの種々のものを構成している内実としての要素を、簡略ながら分析したものとなっています。いわば仏教式の一種の科学的解明を表しているものと言えるでしょう。

これらの分析に共通する視点の独自の特徴は、物質的現象、心理的現象を同じ現象として同一の地平に並べて見ているということです。けっしてこちら側に主観を置き、対象としての物質界を分析するというような構図ではありません。客観世界も主観世界も同等に現象として分析する視点は、対象的認識を超えた智、物も心もともに見ている智によってなされているものでしょう。そこには無分別智によって真如を証するという、仏教の悟りが関わっているように思われます。

説一切有部の諸法の分析

この五蘊・十二処・十八界という分析をさらに詳細・克明にしたものが、小乗仏教および大乗仏教のアビダルマとよばれるものです。アビダルマとは、すなわち諸法の分析のことであり、そのダルマ（法）とは、前にも申したように、変化する世界のなかで自己自身の姿（相）をたもつもの、「任持《にんじ》自性《じしょう》、軌生物解《きしょうもつげ》」と定義されるもののことです。

小乗仏教の代表的な部派、説一切有部では、五位《ごい》七十五法《しちじゅうごほう》を分析しました。五位（五つの範疇）とは、色法《しきほう》・心王《しんのう》・心所有《しんじょう》法《ほう》・不相応法・無為法という分類のことです。色法は物質的なもの、心王は心理現象の中心になるもので、意識一つとされています。心所有法は、その心王に所有される法の意味で、心王とともにはたらく個々の心のことであり、善のさまざまな心（たとえば信・不放逸《ふほういつ》・無貪《むとん》・無瞋《むしん》・不害、等々）や煩悩のさまざまな心（たとえば無明・放逸・懈怠・不信、等々）など、たくさんの心所有法があります（後述の唯識思想における心所有法を参照してください）。われわれの心理現象は、一つの心が多様にはたらくというのではなく、これら心王と心所有法の多くの法の複合体において形成されていると見ているのです。

不相応法とは、物とも心とも言えないようなもののことで、言語その他、いろいろなものがあります。ここまでの四つの部類の法は有為法であり、変化する現象世界の構成要素です。これに対し無為法は、涅槃など変化しない世界になります（虚空《こくう》・択滅《ちゃくめつ》〈涅槃〉・非択《ひちゃく》滅《めつ》〈縁欠不生《えんけつふしょう》〉の三つがあるとされる）。

世界を構成する諸法――大乗唯識

一方、大乗仏教の一つの有力な思潮を形成した唯識思想（瑜伽行派の哲学）では、五位百法を提示しています。五位（諸法の五つの分類）は説一切有部と変わらないのですが、唯識を謳うだけに、心王・心所有法から始まり、色法・不相応法（つぶさには、心不相応行法という）・無為法という順で示されます。

たとえば唯識説では、心王に八つ立てます。説一切有部では、一つでした。その場合、では見たり聞いたりはどの心がするのかというと、この意識が眼根によると色境を見るのであり、耳根によると声境を聞く、といったことになります。では、同時に見たり聞いたりするのはどのようになされるのかというと、じつは一瞬には一つの感覚もしくは知覚しかないが、それが猛スピードで入れ替わるので、あたかも同時の感覚・知覚が成立していると思うのだ、と言っています。しかしこの説明には何かと無理があるので、唯識では異なる感覚・知覚などの心王があるのであり、それらが複数、同時にはたらくことがあるとしたのです。

説一切有部の五位七十五法と唯識説の五位百法には、そのような違いもいくつかありますが、だいたいは同じようなものです。そこで以下にはやはり大乗仏教の唯識の五位百法の分析の様子を見ていくことにしましょう。くりかえしますが、法は「自己自身をたもつもの」であって、いわば世界の構成要素です。五位百法の体系は、私たちが実我・実法を執着する背景にある本来の世界が、どのような諸法によって構成されているかを明かすものです。

まず、その全体を掲げてみます。すべて、術語になります。その後にそれらの内容について説明します。

心王八　心所五十一　色法十一　不相応法二十四　無為法六

心王　眼識・耳識・鼻識・舌識・身識・意識・末那《まな》識・阿頼耶《あらや》識

心所
　遍行《へんぎょう》　触《そく》・作意《さい》・受・想・思
　別境《べっきょう》　欲・勝解《しょうげ》・念・定《じょう》・慧
　善　信・慚《ざん》・愧《き》・無貪《とん》・無瞋《じん》・無癡《ち》・勤《ごん》・軽安《きょうあん》・不放逸・行捨《ぎょうしゃ》・不害
　煩悩　貪・瞋・癡・慢・疑《ぎ》・悪見《あっけん》
　随煩悩　忿《ふん》・恨《こん》・覆《ふく》・悩《のう》・嫉《しつ》・慳《けん》・誑《おう》・諂《てん》・害《がい》・憍《きょう》・無慚・無愧・掉挙《じょうこ》・惛《こん》沈《じん》・不信・懈怠・放逸・失念・散乱・不正知《ふしょうち》
　不定《ふじょう》　悔《け》・眠・尋《じん》・伺《し》

色法　眼・耳・鼻・舌・身、色・声・香・味・触、法処所摂色《ほうしょしょしょうしき》

不相応法　得・命根《みょうこん》・衆同分《しゅどうぶん》・異生性《いしょうしょう》・無想定・滅尽定《めつじんじょう》・無想事・名身《みょうしん》・句身・文身《もんしん》・生・老・住・無常・流転《るてん》・定異《じょうい》・相応・勢速・次第・方・時・数・和合・不和合

無為法　虚空無為・択滅《ちゃくめつ》無為・非択滅無為・不動無為・想受滅《そうじゅめつ》無為・真如無為

仏教は、世界はこれらの諸法によって構成されていると見ているのです。ここには、物

質的世界も心理的世界も同じく現象世界と見て、それらすべてのなかに、基本的な要素、単位となるものが分析されています。西洋では、主観と客観とは分かれており、ほぼ客観の側のみを対象的に探索して、自然科学の学問を深化・発展させました。しかし仏教は、主観・客観をともに対象として分析しているだけでなく、やはり自己の苦とそれからの解脱を根本の関心としていましたから、心の世界（心王・心所有法）の分析のほうが細密になっています。その分析をもとに、有効な修行方法も編み出されていったのでしょう。そういうところに、仏教の科学（世界分析）の特質があると言えるでしょう。

五位百法の概要

さて、これらについて、多少、解説してまいります。

その前に、心王すなわち識とはどのようなものかについて、もう一度、確認しておきます。識は、鏡のような、単なる透明な主観なのではありません。それ自身のなかに対象を持つものが識なのです。すなわち、識のなかに、相分《そうぶん》（対象面）と見分《けんぶん》（主観面）とがあるものなのです。このことについては、すでに前に説明しておきました（「第三章　迷いの構造」、八七～八八頁）。

（一）心王――八つのダルマ

さて、心王には、次の八つのダルマ（法）があります。

まず、眼識（視覚）・耳識（聴覚）・鼻識（嗅覚）・舌識（味覚）・身識（触覚）の五つの識で、これらは感覚、五感の世界です。

次に意識（知覚）があり、これは推理、判断、構想、記憶などに関わる識です。また、前の五識と一緒にはたらくことによって、それぞれの感覚を明瞭にもします。

唯識思想では、さらに意識下に、末那識と阿頼耶識を立てます。末那識は常時の我執の識で、寝ても覚めてもいつでもはたらいていると言います。したがって、ふだん意識に影響を与えていることになります。もっとも意識は師の説法を聞いたり、仏教の本を読んだりして、その教えを理解し、何らか考え方を変えたり、修行していくこともできます。この時、意識は善の心になっています。しかしそういう時でも、末那識はその底にあって、自我を執着していると言います。ただ意識がそのように善を志向することによって、末那識の我執のはたらきもやがて薄まってくることになります。

さらに第八阿頼耶識（蔵識）があり、そこには過去一切の経験が貯蔵されていると言います。絶えず、その時々の感覚・知覚など、七転識《しちてんじき》（眼識から末那識のこと）の経験をその阿頼耶識に受け入れ、その印象を保持して、後に同じ経験を産み出します。そこで保持される印象を種子《しゅうじ》と言います。実際の感覚・知覚などを現行《げんぎょう》といい、その印象を阿頼耶識に植え付けることを熏習《くんじゅう》といいます。香りが衣などにしみつくことに譬えているわけです。熏習されたもの（習気《じっけ》）は、未来の同じ経験を産み出しますので、種子と言います。ここに、阿頼耶識のなかの種子は現行を生み、現行は阿頼耶識に種子を熏習する（種子生現行・現行熏種子）というからくりが成り立つのですが、なんとこのことは同時に行われると言います。ここを三法（種子－現行－種子）展転《ちんでん》・因果同時と言い慣わされています。

じつはこれら八識のすべては刹那刹那、生じては滅し生じては滅しして相続されていると言います。特に阿頼耶識は、無始の過去から無終の未来まで、刹那滅ながら一瞬のすき間もなく相続されると説かれています。そのなかで、前刹那の阿頼耶識が有していた種子は、次の刹那の阿頼耶識にそっくり送り込まれるのだと言います。ここを前刹那の阿頼耶識の種子は次刹那の阿頼耶識に種子を生む（種子生種子）と言います。

こうして、種子生現行・現行熏種子および種子生種子のからくりによって、我々の世界が運ばれていることになります。

ところで、識にはかならず相分と見分とがあるのでした。では阿頼耶識の相分は、何なのでしょうか。このことについては、昔（『瑜伽師地論《ゆがしじろん》』等）から、相分には、有根身《うこんじん》と器世《きせ》間《けん》と種子があるとされています。つまり、身体と、物質的な環境世界と、見たり聞いたり考えたりの因となる種子とです。われわれは普通、身体のなかに脳があり、脳のはたらきに心があると思っています。しかし唯識思想では、識のなかに身体と環境が維持され、そこにおいて見たり聞いたりがなされるというのです。このことは、すぐには理解しがたいことではありますが、唯識ではそう説いていることを受け止めるべきです。このことをふまえたとき、阿頼耶識をユングの集合的無意識などと簡単に結びつけることはできません。

なお、阿頼耶識の世界は、不可知と言われています。環境世界と言っても、どういう形をしていてどういう色をしているかなど、まったくわからないというのです。もちろん、身体も同じです。五感の識は、この阿頼耶識の相分の身体や環境世界を外の対象として、その識のうちに色・声・味……などの相分を浮かべてそれを感覚します。識の外の対象を疎所縁縁《そしょえんねん》、識のなかの対象を親所縁縁《しんしょえんねん》と言います。あるいは識の外の対象を本質《ほんぜつ》、識のなかの対象を影像《ようぞう》と言います。たとえば、眼識は、阿頼耶識の相分の環境世界を対象（疎所縁縁、本質）として縁じて、自身の相分（親所縁縁、影像）にその色を浮かべて、その色を見ている、という構造になります。

ちなみに、末那識は阿頼耶識の見分を疎所縁縁として、常・一・主・宰の我の影像を自らの相分に浮かべて、これに執着するのです。こうして、阿頼耶識は末那識によって、いつも執着されているのです。

以上、八識心王について、その概要を説明しました。個々人は、この八識から成立しており、ここを人人唯識《にんにんゆいしき》と呼びます。そうすると、阿頼耶識は人（衆生）の数だけあることになり、さらに環境世界も人の数だけあることになります。すぐには受け止め難いことかと思いますが、たとえば人間界に生まれたもののそれぞれの環境（阿頼耶識の相分にある器世間）は、人間界に生まれるという共通の業に基づいて、共通のものとなっていると説明されています。十界（地獄・餓鬼・畜生・修羅・人間・天上・声聞《しょうもん》・縁覚《えんがく》・菩薩・仏）の衆生（生きもの）は、各界ごとに、共通の環境を有しているわけです。

（二）　心所有法（略して心所）――心王とはたらく個々の心

次に、心所有法について説明します。心所有法とは、前に心王に所有される法の意と申しましたが、心王と一緒になってはたらく個々の心を法（ダルマ）として分析したものです。たとえば、意識に貪りや怒りが伴われているとき、その貪りの心や怒りの心がそれぞれ心所有法という法（ダルマ）としてあるのだというのです。心理現象は、そうした心王・心所有法の複合的生起の相続として説明されるわけです。なおこの心所有法は、略して心所ともよく言われます。

この心所有法が心王と一緒になってはたらくことを、相応するというのですが、この相応の関係の内実について、次のようなことが説かれています。

1 心王は対象（所縁）において唯だ総相を取り、心所はそれにおいてまた別相をも取る。

2 時と根（所依）を同じくし、対象（所縁）と事（体事）を等しくする（時と依とは同じく、所縁と事とは等し、故に相応と名づく。四義平等）。

じつは心所有法も、心王と同じく、内に相分・見分などを具える構造を持つものなのです。たとえば、眼識が青を相分に浮かべてこれを見ているとき、これと相応する各心所有法もその相分に青を浮かべて、これを対象にその心特有のはたらきを発揮するのです。その際、心王はその対象の全体像を取り、心所有法はその個別の相をも取るのだと言います。このことについては、絵師の師匠が全体像をさっと描いて、弟子たちがそれぞれ色を埋めていくことが譬喩に用いられています。

また心王と心所有法とが相応する時、もちろんはたらく時を同じくし、根も同じくします。たとえば眼識に相応する心所有法は、眼根によるということです。さらに相分を等しくすることは前に述べました。事を等しくするとは、心王一つに対して同じ心所有法は一つしか相応しないということです。たとえば意識なら意識という一つの心王に、瞋の心所有法が二つも三つも相応することはない、一つだけということです。

心所有法の六つの分類

この心所有法には、全部で五十一の法が分析されているのですが、それらは六つのグループに分類されています。それは、遍行《へんぎょう》・別境《べっきょう》・善・煩悩・随煩悩・不定《ふじょう》という分類です。その内容を簡単に説明しますと、次のようになります。

はじめに、遍行の心所とは、どの識とも、どんな場合でも必ず相応するものです。善・悪・無記のいずれでも（一切性）、欲界《よっかい》・色界《しきかい》・無色界《むしきかい》のどこにあっても（一切地）・いかなる時でも（一切時）、必ずどの心王にも相応してはたらくものです。これには五つあります。前に掲げた表にあるように、触・作意・受・想・思という心所で、その内容は後に説明します。

次に、別境の心所とは、記憶に関わる場合とか止《し》観行《かんぎょう》に関わる場合とかで、特別の対象に対した場合にのみはたらくものです。これにも、前に掲げた表にあるように五つあります。欲・勝解・念・定・慧の心所です。

次に、善の心所の善とは、この世と次の世等、二世にわたって自・他を順益《じゅんやく》するはたらきのあるもののことです。仏教でも、善・不善（悪）ということを言うのですが、それは社会的な倫理・道徳上のことではなく、たとえば善とは、いわば現世と来世とに、自己と他者とに楽をもたらすものと言えます。楽といっても、宗教的な意味での楽（生・老・病・死などの苦の解決）ということになります。この善の心所には、十一あります。信・慚・愧・無貪・無瞋・無癡・勤・軽安・不放逸・行捨・不害という心所です。

次に煩悩の心所ですが、これは煩擾悩乱《はんじょうのうらん》のことと言いますから、心をかき乱し悩ませるものと言えるでしょう。特にこの煩悩は、根本煩悩とも言って、煩悩のなかでも主力になるものです。これには六つあります。貪・瞋・癡・慢・疑・悪見の心所です。

その次に随煩悩の心所が説かれるのですが、これは枝末《しまつ》煩悩とも言われ、根本煩悩から派生したものであったり、その具体的な発現であったりします。この随煩悩には、二十ありますので、煩悩・随煩悩の分析がもっとも詳しくなっていることが知られます。前に掲げた表をご参照ください。忿・恨・覆・悩・嫉・慳・誑・諂・害・憍・無慚・無愧・掉挙・惛沈・不信・懈怠・放逸・失念・散乱・不正知という心所です。

なお、煩悩・随煩悩のほとんどは、悪（不善）なるものです。悪は、善の反対で、この世と次の世など、二世にわたって自・他を違損《いそん》するはたらきのあるもののことです。すなわち、来世に、自己と他者とに苦しみをもたらすものと言えます。このことは、次の世に、地獄・餓鬼・畜生などの世界に堕ちることと表現されてきました。その際、そこで出会う他者にも何らかの悪しき悪影響を及ぼしていくと見られているのです。

しかし、善の心所の分類と異なって、悪の心所という分類はなされていません。それは、煩悩・随煩悩のなかには、未来に影響力を及ばさない場合もあるからです。というのも、末那識も煩悩・随煩悩と相応するのですが、その性質は有覆無記《うぶくむき》だとされています。有覆とは、悟りの智慧が実現するのを妨げる（覆障）の意と、心を汚し濁らせる（覆蔽）の意とがあると言われています。一方、無記とは、善とも悪とも記されないということで、善でも悪でもないあり方を言うものです。善でも悪でもないということは、来世への影響力を持たないということにほかなりません。そういう、有覆のものではあるが無記である性質の煩悩もあることになります。そこで悪という分類は採用されていないのです。ただし煩悩・随煩悩の多くは、実際上、悪の心と見てよいでしょう。

最後に、不定の心所とは、以上のいずれにも入らないもので、いわばその他のものと言えます。悔・眠・尋・伺の四つの心所があります。

以上が心所有法の分類の意味です。以下、それぞれの心所有法の内容を、簡単に見ていきたいと思います。

①遍行の心所

初めに、遍行の心所については、『成唯識論』に、次のように説かれています。私なりに訳してみます。

触　心心所を境に触れさせるものであり、受想思等の心所の所依となるはたらきがある。

作意　能《よ》く心を目覚めさせるものであり、対象に心を引くはたらきがある。

受　よいか、いやか、そのどちらでもないか、の感じを受け止めるものであり、意欲を起こすはたらきがある。

想　対象においてその像を把握するものであり、種種の言葉を立てていくはたらきがある。

思　心をはたらかせるものであり、修行等に心を向かわせていくはたらきがある。

このように、心所有法の説明は、常にそのものがら（性）とそのはたらき（業）とによって説明されています。これらを簡略に言えば、触は、感覚・知覚を起こすきっかけとなるもの、作意は、対象に関心を持つもの、受はいわば感情（苦受・楽受・非苦非楽受）、想は認知（取像）、思は意志、というようなものです。これら遍行の心所有法は、われわれの感覚・知覚などに必ず常に伴われているというのです。

②別境の心所

次に別境の心所ですが、もはや簡単な紹介に留めておきます。

欲（欲求の心）・勝解（断定的な了解の心）・念（記憶の心）・定（心を統一していく心）・慧（判断などの知性としての心）

それぞれ、特定の対象に対して起こる心なので、別境と言います。

③善の心所

次に善の心所です。ここも簡単な説明にします。

信（理解・憧れ・意欲）

慚（自らに恥じて、善を尊重する心）・愧（他者や世間に恥じて、悪を排斥する心）
無貪（貪らない心）・無瞋（怒らない心）・無癡（無明のないこと）
勤（努力する心）・軽安（身心の快調なること）・不放逸（したい放題に振る舞わない心）・行捨（常に平静を保つ心）・不害（思いやりの心）

今、信について、理解・憧れ・意欲としておきましたが、もう少し説明しておきますと、まず仏典を読むなどして、自己と世界に関して、知的な理解を持つことが信の出発点になります。次に仏宝・法宝・僧宝の三宝への憧れの心を抱きます。この三宝の法は教えのこと、僧は僧伽、サンガのことで、いわば教団のことです。そして、仏教の説く修行は、解脱に導く力があると了解してそれに取り組もうという意欲を持つに至ります。

仏教における信の心とは、このように、知性・感情・意志が渾然一体となったものとして説かれているのです。とりわけ、信解から始まるところに、仏教の信の特徴があると言えます。

なお、この信の心所については、のちほどまた、もう少し詳しく見てみたいと思います（「第八章　発菩提心について」、二二三～二二五頁参照）。

④煩悩の心所

次は、煩悩の心所です。

貪（むさぼりの心）・瞋（怒りの心）・癡（無明）
慢（優越意識を保とうとする心）・疑（仏教への信をためらう心）
悪見（間違った見解。薩伽耶見《さつがやけん》〔我見・我所《がしょ》見〕・辺見《へんけん》・邪見・見取《けんしゅ》・戒禁取《かいごんしゅ》）

貪・瞋・癡はよく三毒と言われ、もっとも根本的な煩悩です。特に癡は無明と呼ばれるものであって、仏教が明かす真理に暗いことです。

慢を優越意識としておきましたが、要は自分と他者とを比べて、他者に対し、自分が劣っているとは認めない心、自分のほうが勝っているとことさらに思う心です。

悪見の根本は薩伽耶見で、これは我があるとの見解、また自分のもの（我所）という見解のことです。辺見は、一方的に有る・無いとか、常住・断滅とかと見る、極端な見解のことです。邪見は、行為の世界における因果律、善因楽果《ぜんいんらっか》・悪因苦果《あくいんくか》を認めない、現象世界を構成している実質のあるものを否定するなどの見解、および悪見のなかのこの他の薩伽耶見・辺見・見取・戒禁取以外のあらゆる間違った見解が相当します。

見取は、自己の見解に執着する心、戒禁取は仏教以外の宗教の戒律が自己の解脱をもたらすと見なす見解のことです。

⑤随煩悩の心所

次に、随煩悩は、概略、以下のような心です。

忿（いきどおり）
恨（うらみ）
覆（しらばっくれ）
悩（きつい口撃）
嫉（しっと）
慳（ものおしみ）
誑（たぶらかし）
諂（言いくるめ）
害（攻撃心）
憍（うぬぼれ）
無慚（慚の念のないこと）
無愧（愧の念のないこと）
掉挙《じょうこ》（そう状態）
惛沈（うつ状態）
不信（信のないこと）
懈怠（なまけ）
放逸（したい放題）
失念（記憶の喪失）
散乱（心のうわつき）
不正知（誤まった認識）

この随煩悩は、小随煩悩、中随煩悩、大随煩悩の三種に分類されます。忿から憍までが小随煩悩、無慚・無愧が中随煩悩、掉挙以下が大随煩悩です。

小随煩悩は、意識と相応してはたらくものであり、単独でも起きることがあります。大体は、根本煩悩の貪・瞋・癡のいずれかが、実際の人間関係などの場面で具体的に現れるものです。忿・恨・嫉といった心の本体は瞋ですし、慳や憍などの心の本体は貪です。我々が日常においてしばしば経験する悩ましい心です。中随煩悩は、無慚・無愧の心で、悪心には必ず一緒にはたらいているとされます。大随煩悩は、掉挙から不正知までの心で、染心（悪心と有覆無記心）には必ず相応するもので、つまり末那識とも相応してはたらくものです。この大随煩悩は、すべて一緒になってはたらきます。

随煩悩の説明は、簡単ですが以上で止めておきます。

⑥不定の心所

次に不定の心所有法が、四つばかりあります。次のようになります。

悔（後悔）・眠（睡眠への導入）・尋（言語表現を粗く探す）・伺（言語表現を細かく探す）

以上の心王・心所有法が、種々組み合わさって、われわれの心理現象があるというのが、唯識思想の見方なのです。

（三）色法——五根・五境としてのダルマ

次に、色法です。色法とは、物質的現象にかかわるものであり、これには、五根・五境などがあります。説一切有部では、色法を独自に実在する法と見たのですが、唯識思想においては、後に述べるように心王・心所有法のなかの相分に求められるべきものです。

これら色法の内容は、以下のようになります。

眼根（視覚器官）・耳根（聴覚器官）・鼻根（嗅覚器官）・舌根（味覚器官）・身根（触覚器官）

〔以上、五根〕

色境（視覚対象）・声境（聴覚対象）・香境（嗅覚対象）・味境（味覚対象）・触境（触覚対象）

〔以上、五境〕

法処所摂色《ほうしょしょしょうしき》（意識の対象としての物質）

五根は、感覚器官ですが、それらは『倶舎論』以来の伝統で、色法に収められていいます。この根とは、必ずしも目に見える眼球とか耳朶といったことではなく、境（対象）を取り入れて識を発生せしめるもののことで、しかもそれは微細な物質なのだとされているのです。

五境の最初に色境が挙げられていますが、この色とは眼識の対象であり、色（カラー）のことです。一方、五位の一つである色法は、物質的現象のすべてを包含したものです。同じ色にも狭広二種類があることに注意する必要があります。声は、聴覚の対象ですから、音全般です。人や動物の声だけではありません。

法処所摂色とは、意識の相分に現じる物質的なもののことであり、たとえば原子などは、感覚によって直接、確認することはできず、意識のなかで考えられたものにほかならないとされたのでした。

仏教ではこのように、色法に主に五根・五境としてのダルマを見るのであり、何か一つのものがあるとは見ていません。我々に与えられている感覚は、あくまでも色《いろ》・声（音）・香（匂い）・味・触覚なのであり、その別々の感覚対象の流れ（刹那滅の相続）があるのみであり、それらをひとまとめにし、固定化して、ものがあると思っているにすぎないと見るのです。

（四）　不相応法――物でも心でもないもの

次は、不相応法で、これは色法にも心法（心王・心所有法）にも入りえないもの、つまり物でも心でもないもののことです。それには、次のものがあります。

得（技芸などを身につけさせる）・命根（寿命）・衆同分（種）・異生性（凡夫性）

無想定（無想天に上る要因となる禅定）・滅尽定（聖者の修する禅定）・無想事（無想天。外道は涅槃と誤まる）

名身（単語のすべて）・句身（文章のすべて）・文身（母音・子音のすべて）

生（事物を生じさせる）・老（事物を変化させる）・住（事物を維持させる）・無常（事物を無に帰させる）

流転（因果の流れが不断であること）・定異（善の因と悪の因、善の果と悪の果が決定して異なること）・相応（善因には善果、悪因には悪果が必ずもたらされること）・勢速（因果の流れの速いこと）・次第（事物に前後の秩序のあること）・方（方角）・時（時間）・数（数量）・和合（因から果に多くの縁が介在すること）・不和合（因縁が合わさらないこと）

このように、我々にはなじみの少ない言葉も見られますが、言語、時間、数など一種、形而上のものが多いように思われます。仏教では時間について、古来、「時に別体無し、法に依って仮立す」と言われています。また、言語（音声言語が基本）は、音そのものでなく、音に見いだされるあや（音韻屈曲）にあるとされています。名身・句身・文身の身は集まりの意味であり、文身の文とは、文章のことではなく、母音・子音のことです。

（五）無為法——生滅変化のないもの

以上の四種は有為法と呼ばれるべきものです。縁起のなかで生滅、変化するものですが、まったく生滅、変化のないものもあるといいます。それを無為法と言います。五位七十五法の体系における無為法は、択滅《ちゃくめつ》・虚空・非択滅という三つが言われていましたが、五位百法の体系のなかでは、六つ挙げられています。そうではあるものの、実際は一つで真如のみです。六つの無為法とは、一つの真如の六つの側面にほかなりません。

真如とは、諸法の本性すなわち法性のことであり、それは空性のことでもあります。それは不生不滅で、あらゆる諸法を貫くものです。それが唯識思想における無為法です。その六つの法とは、次のようになります。

虚空（真如が虚空のようであること）・択滅（智慧の力によって雑染を滅して得た真如）
非択滅（智慧による所得にかかわらない真如）・不動（真如が苦・楽を離れていること）
想受滅（真如が想も受も離れていること）・真如（事物の本性、法性）

以上、まったく簡略ながら、大乗唯識の五位百法の概要を説明しました。この五位百法は、仏教の現象世界に対する分析の基本なので、仏教を理解するためにはその全体像をひととおり頭に入れておくことが大事です。

五位百法と唯識は矛盾しない

ところで、唯識思想はまさにただ識のみと説くものであったはずです。しかし一方、このように、五位百法の諸法の体系を説いています。中国・日本で唯識を学修する宗派を法相宗と言っているのは、おそらくこの宗が五位百法の分析を一つの重要な教理としているからでしょう。では、唯識ということと五位百法とは、矛盾しないのでしょうか。

じつはこの両者は矛盾しないと考えられています。というのも、まず無為法は、有為法（心王・心所・色・不相応）の本性・本質であって、有為法に帰せられます。次に不相応法は、色法と心法（心王・心所）のうえに仮立されたものであって、現象界を構成する実質的なものではないとされます。色法は、心王・心所のなかに顕現したもの（心王・心所の相分）です。阿頼耶識の相分に、有根身（五根）と器世間（五境の本質）があり、五感の相分に色・声・香・味・触の五境があり、意識の相分に法処所摂色があります。色法の実質は、心王・心所有法の相分なのです。

こうして五位百法は、心王・心所のダルマに帰せられることになります。

このとき、唯識の識は本来、心王（八識）のことであり、厳密に言うと唯心王の意味になるのに、心王のみでなく心所有法もあるということとは、唯識ということと矛盾するのではないかと考えられるでしょう。ここで唯識の識には、じつは心王・心所が含まれているのだ、という解釈を取ることになるのです。すなわち唯識とは、唯心王・心所有法のことなのです。このことを、よく理解しておく必要があります。

唯識説では、このようなしかたで心王・心所の諸法はあるが、我はないことを説き（五蘊無我と同じこと）、しかもその諸法もまた空である（それ自身の本体を持たない。実体ではない）とするのです。それらが空であることは、縁起（阿頼耶識縁起）の故に、識所現の影像の故に、刹那滅の故に、等々、いくつかの観点からも言えることです。

このように世界の実相を分析することによって、常住の我も無く、実体的なものも無いことが、より明らかになります。そのことをよく理解して、我執も法執も断じて行って、最終的に涅槃と菩提を実現しようとするのです。

以上、仏教における、世界についての独自のいわば科学的分析について、ご紹介しました。

第五章　縁起ということ

仏教思想の中核としての縁起

仏教では、世界の構成要素＝ダルマ（法）を分析し、その諸法の縁起によって世界は成り立ち、また運ばれていると説いています。ここに、関係主義的世界観があり、原子などの実体論的世界観に対抗するものがあります。近代科学は、基本的に主客二元論に立ち、客観世界を要素に還元して、その諸要素を実体視する立場に立っていました。もちろん、その追究の過程で、原子は実体ではなく、陽子・電子などからなるものであり、さらにそれらも素粒子からなるとされ、あるいは波動（エネルギー）にほかならないともされ、今や実体を認める立場は超えられていることでしょう。しかし基本的に、要素還元主義に立って世界を解明しようとしてきたと言って差し支えないでしょう。

一方、仏教では、当初から縁起観を展開し、関係主義的世界観に立って、世界を見ているのでした。欧米でも、環境問題が自覚されるにつれて、生態学（エコロジー）において関係主義的・全体主義的世界観が高調されるようになってきましたが、仏教はもとより関係主義的世界観に立っていたのであり、その思想は今や深く顧みられるべきです。

その際、主観と客観も関係しており、相関的であることにも留意すべきです。西洋の見方は、主観と客観が明確に分裂していて、主観は透明な鏡のようであり、客観をそのまま映し出すと思っています。しかし実際は、主観にともなう感情などによって、客観の姿も変容を余儀なくされていることでしょう。要は、関係は客観の世界だけにあるのではなく、主観と客観の間にもあること、さらには自他の間にもあることを想い浮かべるべきです。我々は、まず自分がいて、それが種々の関係に入るのではなく、もとより関係する世界があって、そのなかに一人ひとりが生かされているのです。このことをしっかり見据えることは、近代合理主義の諸問題を克服していく重要な通路となることでしょう。

この関係主義、言い換えれば縁起の思想は、仏教思想の中核にあると言っても過言ではありません。とはいえ実際問題としては、一口に縁起と言っても、仏教においてはさまざまな縁起説が説かれています。そこで本章では、仏教で説かれた主な縁起説とその内容について、一覧しておきたいと思います。

十二縁起の説——因に縁が関与して果がある

仏教におけるもっとも原初的な縁起説は、十二縁起の説と言ってよいでしょう。十二縁起説とは、次の十二項目が縁起をなして、われわれの生死輪廻が運ばれると明かす説です。その十二項目とは、次のようになります。

無明→行《ぎょう》→識→名色《みょうしき》→六処《ろくしょ》→触《そく》→受→愛→取→有《う》→生《しょう》→老死

この内容については、後の章（「第六章　生死輪廻のしくみ」）において説明することとして、この縁起説を貫く法則は、次のようにまとめられています。

これがあるとき、かれがある。これが生ずるとき、かれが生ずる。
これがないとき、かれがない。これが滅するとき、かれが滅する。（三枝充悳『縁起の思想』、法藏館文庫、二〇二四年、二三九頁）

縁起とは何か。生に縁って老死〔がある〕。諸如来が〔世に〕生まれても、生まれなくても、このことわりは定まり、法として定まり、法として確立し、此縁性である。（同前、二四五頁）

十二縁起説は生死輪廻に関わる特定の項目に関して説かれたもので、必ずしもあらゆる現象に関わるものでもありません。また、因と縁の区別などが、必ずしも定かではない面があります。しかし、この縁起ということが、やがて「これがあるとき、かれがある」というように、一般的な法則、原理（此縁性）として理解されるようになります。やがて縁起ということが、あらゆる事象に適用されていくわけです。のみならず、縁起ということが、さらに「直接的な原因（因）に、さまざまな条件（縁）が関わることによって、果がある」という理論として認識されていきます。このことに関してよく言われる例が、植物の種子（因）があるとき、これに土や水や養分など（縁）が関わって初めて、花も咲き実（果）もなるということです。そのように縁起の思想は、単なる因果関係なのではなく、因に縁が関与することによってはじめて果があるという思想なのです。

説一切有部の縁起観

あらゆる現象が縁起の関係においてあることは、説一切有部などで説かれています。それは、関係ということのたいへん詳細な分析に基づくもので、六因・四縁・五果として組織されています。まずその術語を挙げると、次のようになります。

六因：能作因《のうさいん》　倶有因《くういん》　同類因　相応因　遍行因《へんぎょういん》　異熟因《いじゅくいん》

四縁：因縁　増上縁《ぞうじょうえん》　所縁縁《しょえんねん》　等無間縁《とうむけんねん》

五果：増上果　士用果《じゆうか》　等流果《とうるか》　異熟果《いじゅくか》　離繋果《りけいか》

六因とは

これらについて簡単に説明しますと、まず六因のなか、能作因とは、因といってもいわば縁のことで、この因に対する果は、増上果と言われます。たとえばお米の直接的な因はその種子ですが、土や水によって、つやや粘りのあるお米ができます。この時、お米の種子とお米の関係は、後に見る同類因－等流果ですが、土や水は能作因で、つやや粘りは増上果ということになるでしょう。

倶有因とは、同時に相互の依存関係にある場合（つまり空間的な因果関係）の一方を言うもので、この因に対する果は、士用果というものです。たとえば稲わらの束を互いに寄りかからせると、それで立つことができます。そのとき、一方の稲わらが倶有因だとすると、他方は士用果であり、その反対も言えるわけです。

相応因とは、特に心王と心所有法とが同時に相応している際の一方を言うもので、倶有因の場合同様、果は士用果です。じつはこの相応因は、倶有因の一部と見ることができるものです。

同類因は、心法は心法を、色法は色法を相続する場合などの因で、しかも善の心の法は善の心の法を、悪の法は悪の法を産み出します。ここにおいては、時間的に前時のものが後時の因になるのであり、かつ善因善果・悪因悪果の関係が見出されます。この因に対する果は、等流果（同等流類の果）です。たとえば一定期間、同じ貪の心所が相続されているような場合、ここに同類因－等流果の関係があるわけです。もちろん、他の煩悩の心所や善の心所などにおいても、同様です。

遍行因とは、あらゆる煩悩がある特定の煩悩（遍行惑。いわば根本煩悩）から生まれるのであり、その場合の遍行惑があらゆる煩悩の遍行因と言われます。遍行惑が何かは、複雑な教理がありますので、ここでは省略しますが、唯識説の根本煩悩と随煩悩との関係（「第四章　世界の分析」、一一五頁参照）を想起すればよいでしょう。この関係も同類因の場合同様、時間的な因果関係であり、またこの因に対する果も、等流果です。

異熟因とは、行為とその結果の間の法則に関するもので、業にかかわる因のことです。業の世界では、たとえば悪をなすと、来世に地獄・餓鬼・畜生などに生まれます。ここに悪因苦果の関係があるわけですが、その業果そのものは善とも悪とも言えない無記のものなのです。また、これと対照的に善因楽果の関係もあります。この楽果も無記のものです。すなわち業の世界においては、因は善・悪であるが果は無記である（「因是善悪・果是無記」）という特徴があることになります。ここでは果（無記）は因（善・悪）と異なって熟するわけです。この場合の因が異熟因、果が異熟果です。

なお、離繋果は、涅槃のことで、これは無為法なので、因を持ちません。ただ、修行が果たされると実現するので、果の一つに挙げられています。

四縁とは

以上の因果関係が成立するには、縁がかかわるわけです。それに四縁あるなか、因縁とは、要は因のことなのです。等無間縁は、現在のダルマが消滅することによって、次のダルマが生まれることを扶けることを言うものです。所縁縁は、対象として縁となることによって、感覚・知覚などを産み出すことを扶けることを言うものです。

さらに増上縁は、とにかく因が果を生むことに関与するすべてのものを言います。これにはその因果の成就に積極的に関与するものと、その因果の成就を妨げないという仕方で消極的ながら関与するものとがあります。前者を与力《よりき》増上縁、後者を不障《ふしょう》増上縁と言います。このように、不障増上縁というものまでも説かれていて、増上縁はきわめて広い概念です。

これらの縁に対しても、五果との関係が言われえます。因縁は、上記の因のことですから、それぞれによって、離繋果をのぞく四果と関係がありえます。等無間縁・所縁縁・増上縁は増上果に関係することになります。

こうして、説一切有部では、現象世界（有為法）の進展に関し、複雑・多彩な関係性を見ていくのでした。ここに縁起ということの基本的な解明があります。

ただし、じつは説一切有部では、五位七十五法の諸法を、実体的存在として考えたのでした。いわゆる、「三世《さんぜ》実有《じつう》、法体恒有《ほったいごうう》」の立場です。では、そのなかにあって、縁起とはどういうことなのでしょうか。それは、諸法の体（存在そのもの）についてではなく、その用（作用）についてのことだと言います。説一切有部では、存在そのものが縁起するのではなく、その個々の法（ダルマ）に関して、いまだ作用を起こしていないダルマ（未来）に、作用が一刹那のみ起き（現在）、そして過去のダルマとなって存続していきます。その作用の生起に関して、縁起によると説くのです。

大乗仏教の縁起観――実体的な本体を持たない

大乗仏教の最初期の経典、『八千頌般若経』（『小品《しょうぼん》般若経』）では、初めにはむしろ一切法空ということが直観的に説かれ、その後、このことを論理的に説明して、「縁起の故に無自性（本体を持たない）、無自性の故に空である」、と説かれていったといいます。縁起ということは、他を待って初めて有りうるということですから、それ自身の本体を持たないということになります。常住不変の実体的な本体は無いというのです。ある現象にその本体が無いという、このことが空ということにほかなりません。

空とは、からっぽという意味なのであり、このことの哲学的な意味は、ある事象にその本体がないことであって、無ということではありません。ともあれ、縁起と空とは、こうしてまさに一つのことなのです。

ということで、一切の諸法は縁起のなかで成立していることになったのですが、そのなかには、やはり空間的同時の関係や、時間的関係、業における異熟の関係など、それらの関係そのものは見出されることでしょう。

さて、このような状況のなか、大乗仏教では多様な縁起思想が説かれていきます。唯識思想では、阿頼耶識縁起の説を説いています。これは、七転識と阿頼耶識の間の相互関係（種子生現行・現行熏種子。「第四章　世界の分析」、一〇九～一一〇頁参照）に縁起を見るものです。一方、たとえば『大乗起信論』では、いわゆる如来蔵縁起説を説きます。世界は、真如＝如来蔵が無明の縁によって生成・展開したものだというのです。この様子は、水（真如）と波（現象）の関係で説明されたりします。

このほか、華厳宗の縁起説は、法界《ほっかい》縁起説と言われています。華厳宗では、四《し》法界《ほっかい》というものを説きます。四法界とは、事法界・理法界・理事無礙《りじむげ》法界・事事無礙《じじむげ》法界というものので、順に、現象の世界・それら現象世界を貫く本性の世界・現象と本性が融け合っている世界・現象同士が融け合っている世界、といったところです。理とは道理や論理のことではなく、空性＝法性＝真如と呼ばれる究極の普遍を意味しているのです。

最後の事事無礙法界では、あらゆる事象同士の重重無尽の縁起の世界を示します。すなわち、一つの事象は、他のあらゆる事象に入り込んでおり、一切の事象はある一つの事象に入り込んでいる（一入一切・一切入一）、また一つの事象は他のあらゆる事象と一つであり、一切の事象はある一つの事象と一つである（一即一切・一切即一）と説きます。そこに華厳宗で説く事事無礙法界（すべての事象が他のあらゆる事象と妨げあうことなく相即《そうそく》し相入《そうにゅう》しあっているような世界）があります。そのように、あらゆる事象は重重無尽の関係にあると説き、しかもその関係の内実を、華厳思想では深く分析・究明しているのです。

そこで以下に、この華厳宗の縁起思想について、さらに尋ねていくことにしましょう。多少長くなりますが、この関係性の論理構造の分析は、他の思想にはあまり見られない、きわめて貴重なものと思われますので、つぶさに見ておきたいと思います。

『華厳五教章』の縁起思想

華厳宗第三祖と言われる賢首大師法蔵の『華厳五教章』「義理分斉《ぎりぶんざい》」の十玄門《じゅうげんもん》では、この事事無礙法界の縁起の関係性がどのようにして成り立っているのかを、詳細に説明しています。この関係に含まれている論理を、まず術語によって示すと、異体（異なるもの同士）における作用の相互関係（相入）および存在そのものの相互関係（相即）と、同体（一つのものにおいてそれ自身とそこに内在する他）における作用に基づく関係（一中多・多中一）および存在そのものにおける関係（一即多・多即一）の、四つの局面から分析しています。すなわち、異なる事象間（異体）における、作用（用）に関しての関係および存在そのもの（体）に関しての関係という二つの局面と、ある一つの事象のなかにすでに他の事象が内在していて（同体）、そのある一つの事象におけるそれ自身と他の事象との間の、作用に関しての関係および存在そのものに関しての関係という二つの局面の、あわせて四つの観点によって分析するのです。

ここに同体ということが言われていますが、それは、あるものが他のものと関係するには、そのあるもののなかに、すでに関係すべき他のものの要素があるのでなければならないという、ひじょうに深い洞察を示しています。

華厳宗では、これらにおいて、どのようにして関係が成立するのかを詳しく解明しているのです。以下、その説明を、ごく簡略にご紹介することにしましょう。それにしてもたいへんややこしい面もありますので、ここに説かれる理路を辛抱して、ていねいに追ってみてください（以下のテキストは、『国訳一切経』、和漢撰述部、諸宗部、四上、大東出版社、一九七九年、の鎌田茂雄訳に拠ります）。

四つの関係構造の基本

はじめに、これら異体（異なるもの同士）における相入（用）、相即（体）と、同体（一つのものにおいて内在する他と自そのもの）における一中多・多中一（用）、一即多・多即一（体）の、四つの関係構造の基本についての説明があります。

まず異体門、異なるもの同士の関係についての説明です。このなかに、体の関係と用の関係があることが示されます。

> 異体の中に就いて二門有り。一には相即、二には相入なり。
> 此の二門有る所以は諸の縁起（法）に皆な二義有るを以ての故に。一には空有《くうう》の義、此は自体に望む。二には力無力の義、此は力用《りきゆう》に望む。初の義に由るが故に相即することを得、後の義に由るが故に相入することを得。（二〇七〜二〇八頁）

およそ関係には、「自体に望む」関係と「力用に望む」関係があるとされます。要は存在そのもの（体）における関係と、作用（用）における関係とです。自体（存在）に関しては、空・有の義、力用（作用）に関しては力・無力の義が説かれます。こうして、異体門における体の関係を相即と言い、用の関係を相入と言うとあります。この相即と相入の内容は、このあとの説明において見ることができます。ともあれ、相即と相入とは、まったく異なる事柄を言っていることを認識しておくべきです。

このなかで、体の関係（空有）について、次のように説明されています。

初の中に自若し有なる時は他は必ず無なるに由るが故に他は自に即す。何を以ての故に。他は無性なるに由って自作なるを以ての故に。二には自若し空なる時は他は必ず是れ有なるに由るが故に自は他に即す。何を以ての故に。自無性なるに由って他作なるを以ての故に。

二有二空各々倶ならざるを以ての故に彼れ相即せざること無し。有が無、無が有、無二なるが故に、是の故に常に相即す。若し爾らずんば縁起成ぜずして自性等の過有らん。之を思て見るべし。（二〇八頁）

仏教においては、すべての事象は縁起における存在であり、それゆえ無自性にして空です。空であることにおいて、事象として現象しているわけです。故にすべてのものは、仮《け》有《う》にして空、空にして仮有であるはずです。

今、ある事象（自）が成立しているのは、縁起のゆえであり、ということは、関係する他のもののすべてが無自性・空であるからであります。他のものが無自性なるあり方にあればこそ、自の事象も成立しうるわけです。このとき、他は無となって、自の事象の有を支え（自作）、自に即することになるのです。他は、自の事象の仮有にいわばなり尽くしてしまうのです。

一方、その自の事象も実体的存在ではなく、無自性であればこそ、他の事象の成立を支えることになります。ここで、自の事象は、いわば他の有になり尽くす（他作）ことになるわけです。こうして、自の事象と他の事象とは、互いに即しあっているのであり、すなわち相即しているのです。

ここで、自の事象も他の事象も、実体的存在（有）であるなら、関係（縁起）は成立せず、ただばらばらの存在があるのみということになります。一方、両者ともに無であるなら、やはり世界そのものが成立しません。すべては、仮有にしてしかも無自性であるのであって、この時、他の無自性によって自の仮有がありえ、自の無自性によって、他の仮有がありえるのであって、このことは同時に成立しているのです。こうして、あらゆる事象は、互いに相即していることになります。このことが言えないならば、縁起ということが成立せず、すべてのものが実体的存在であるといった過ちに陥ることになるでしょう。

以上が、体の関係の基本です。

次に、用の関係についてです。

二に力用の中に自ら全力有り、所以に能く他を摂す。他、全に無力なるが故に所以に能く自に入る。他有力、自無力、上に反して知んぬべし。自体に拠らざるが故に相即に非ず、力用交徹《きょうてつ》するが故に相入を成ず。又た二有力二無力、各倶ならざるに由るが故に彼れ相入せざること無し。有力が無力、無力が有力、無二なるが故に、是の故に常に相入す。（一〇八頁）

次に、作用の関係において、ある事象（自）が他の事象を成立させているとき、自の事象に全力があって、他の事象は無力であると見ることができます。この時、無力である他の事象は有力である自の事象のなかに摂《おさ》められてしまい、その自の事象に入ってしまうことになります。しかし同時に、他の事象によって自の事象が成立しているとき、他の事象が有力、自の事象が無力で、自の事象は他の事象に摂められ、そこに入ってしまうことになります。

この関係は、存在そのものの関係ではないので、相即の関係ではありません。力用（作用）が互いに到達している（交徹）がゆえに、相入の関係というべきです。もしも自の事象も他の事象も力を発揮するようなあり方にあれば、互いに衝突して共存することが不可能になりますし、両者がともに力を発揮しないならば、世界の生成発展はありえないことになりましょう。よって、自の有力においては他の無力を、他の有力においては自の無力を見なければならないのであり、そのことは常に同時に成立しているので相入の関係が成立しているのです。

こうして、縁起の世界においては、必ず相即・相入の関係が成立しているということを、認識すべきです。なお、用に体を収めて見れば、用以外に体はないので、ただ相入の関係のみということができます。一方、体に用を収めて見れば、体以外に用はないので、ただ相即の関係のみということができることにも、留意すべきでしょう。

異体における用の関係

さて、こうした異体における体の関係・用の関係について、『五教章』はそれぞれ十銭を数える法（しかた）に基づき、詳しく説明していくのです。ここでは初めに、異体における用の関係、すなわち相入の関係についての説明があります。

中に於て先ず相入を明す。

初に向上数に十門あり。一には一は是れ本数なり。何を以ての故に。縁成《えんじょう》の故に。乃至《ないし》、十には一が中の十。何を以ての故に。若し一無ければ即ち十は成ぜざるが故に。即ち一に全力有り。故に十を摂するなり。仍《よ》って十にして一に非ず。余の九門も亦た是《かく》の如く一一に皆な十有り。準例して知るべし。（二〇八頁）

初めに、基本とする数（本数）を一から十へと上っていく仕方による観察についてです。まず、一を基本の数（本数）とします。これと他の数（末数）との関係を見ていくのですが、どうしてそういうことが可能かというと、一が実体的に独立した一ではなくて、他の数との関係のなかで成立しているもの（縁成＝縁起所成）であればこそです。

この一のなかに、まず、二が入り込んでいることを理解します。その次に、三が入り込んでいることを理解します。こうして、一つひとつ上っていって、最後に一に十が入り込んでいることを理解します。これが、「乃至、十には一が中の十」の意味です。

ではなぜ、一のなかに他の数である二、三、ないし十があるのでしょうか。二の場合で言えば、「若し一無ければ即ち二は成ぜざる」からです。すなわち、一があって、それに一が加わることによって、二が成立します。一があればこそ、二も成立するわけです。そうだとすると、「即ち一に全力有り」ということになり、二は無力となって、「故に（一は）二を摂するなり」ということになります。つまり有力の一は無力の二を一に摂めてしまうのであり、二は一のなかに入ってしまうわけです。

しかしこのような関係が成立しているからこそ、一は一であり、二は二であるともいいます。二はそのように無自性であればこそ、二として成立するというのです。この関係は、三ないし十までも、同様です。この時、最後には、「十には一が中の十。何を以ての故に。若し一無ければ即ち十は成ぜざるが故に。即ち一に全力有り。故に十を摂するなり。仍って十にして一に非ず」ということになるわけです。

また以上のことは、基本の数を二にしても三にしても四にしても、ないし十にしても同じです。たとえば基本の数を三とした場合は、まず、三のなかに一が入り込んでいることを理解します。次に二が入り込んでいることを理解します。次に四が入り込んでいること、五が入りこんでいること、ないし十が入り込んでいることを理解します。

ここで、基本の数より大きい、四や五や、ないし十が、その基本の数に入り込んでいることは、その基本の数（たとえば三）に、一を足したり（四）、一＋一もしくは二を足したり（五）、一＋一＋一もしくは一＋二もしくは三を足したり（六）ということで、それらの数が成立することを理解するのは、やさしいでしょう。一方、今の基本の数の三より小さい数の二や一がしかも三のなかに入りこんでいることは、どのように理解すべきなのでしょうか。それは、三から一を引けば二が成立すること、三から二もしくは一＋一を引けば一が成立することを想うべきでしょう。

一を基本の数と見ることは、当然のように理解されます。しかし、二や三などの数が基本の数になることは、ちょっと理解しがたいかもしれません。ただ、それは一が根本という先入観によっているからなのであり、その先入観から解放されれば、一から十までの数のなかで、どの数を基本の数とみてもまったく差し支えないことになります。どの数も、中心になりうるのです。ある基本の数をどれかに設定すれば、それを中心に他が成立することを認めるほかないでしょう。

こうして、基本の数があればこそ、他の数も成立します。基本の数がなければ、他の数は成立しません。そこでは、基本の数が有力であり、他の数は無力であります。そこで基本の数（有力）は、他の数を（無力）摂め、他の数は基本の数に入り込むことになります。しかもそういう関係が成立しているからこそ、他の数はまさにその他の数でありえるのです。

こうして、基本の数を、十まで上っていくわけです。

以上が、異体相入を理解するための向上門《こうじょうもん》です。

次には、向下門《こうげもん》で観察します。すなわち基本の数をはじめに十として、それと関係する他の数を、九、八、七と下がっていき、最後に一に達する仕方で理解するわけです。この関係の内容そのものは、今の向上門と変わりません。ただ数を大きいほうから小さいほうへ下がるのみです。すなわち、次のようになります。

向下数も亦《ま》た十門あり。一には十に即ち一を摂す。何を以ての故に。縁成の故に。謂く若し十無ければ即ち一成ぜざるが故に。即ち一全力無くして十に帰するが故に。仍って一にして十に非ず。余も例して亦た然り。（二〇八～二〇九頁）

初めに、基本の数を十とし、これと九、八、七、ないし一の関係を見ていきます。十を他の数（末数）との関係の基本の数（本数）と見うるのは、十が実体的な独立の存在ではなく、他の数との関係のなかで成立している（縁成＝縁起所成）からです。そしてまず、その十と九との関係を見ます。すなわち、十のなかに九を摂めていることを見ます。それは、「若し十無ければ即ち九成ぜざるが故に。即ち九は全力無くして十に帰するが故に」と理解するのです。十があればこそ、それから一を引けば、九ができるからです。しかしそうであればこそ、「(九は) 九にして十に非ず」です。

以下、今の九(末数)を、八、七、六、と下げて理解するのであり、最後に、『五教章』の本文にあったように、「若し十無ければ即ち一成ぜざるが故に。即ち一全力無くして十に帰するが故に。仍って一にして十に非ず」ということになるわけです。

こうして、異体門の相入の説明は、次のように結ばれています。


是の如く本末二門の中に各十門を具足す。余の一一の銭の中、準じて以て之を思え。此は異門相望に約して説くのみ。(一〇九頁)

本数に対し他の九つの数が末数で、向上門は本数が一から十までの十門あり、向下門は本数が十から一までの十門があります。この各十門のそれぞれに、末数との関係を主とした十の観察があります。結局、向上門で、十×十、向下門で十×十の、計二百の観察で、異体相入のことが理解されるということになるわけです。

この後、いくつか問答が置かれて、さらにその細かな点が説明されていますが、もはや省略します。

異体における体の関係

次に、異体門における体の関係、相即についてです。

初の異体門の中の第二の即の義とは、此の中に二門有り。一には向上去、二には向下来なり。

初の門の中に十門有り。一には一、何を以ての故に。縁成の故に。一即ち十なり。何を以ての故に。若し一無ければ即ち十無きが故に。一有体にして余は皆な空なるに由るが故に。是の故に、此の一即ち是れ十なり。是の如く上に向って乃至第十、皆な各《おのおの》の前の如く準じて知るべきのみ。（二一〇頁）

体における関係、すなわち相即を説明するに当たっても、「向上去」と「向下来」によって説明されます。

「向上去」において、まず、基本の数（本数）を一とします。これが可能なのも、前の相入の際と同様、一は自性（実体的）の一ではなく、縁起において成立している一だからです。

ついで、この一は、二に即していること、一即二であることを理解します。その後に、三に即している、四に即している、等と、見て行き、最後に十に即していることを理解します。では、なぜ、基本の数は他の数（末数）に即するのでしょうか。

それには、「若し一無ければ即ち二無きが故に。一有体にして余は皆空なるに由るが故に。是の故に、此の一即ち是れ二なり」という論理が示されています。一が無ければ二がない、あるいは他の数がないことは、すでに相入の関係の説明のなかにも謳われていました。すべての数は縁起・無自性の故に、空にして仮有です。一も二も三も、同じ事情にあります。そこで、一があるが故に二があるとして、存在の関係においては、一の仮有によって二があることになり、ここに二は無自性の面が表れて、無自性ゆえにいわば無となって、一の有に即し尽くすのです。とすれば、二が一になり尽くして、一は即ち二であるということになります。しかし、このような関係が成立していればこそ、二はあくまでも二であるでしょう。

こうして、一が即している数を、三、四、五と上がって行って、最後には十に達します。その時は、今の本文にあるように、「若し一無ければ即ち十無きが故に。一有体にして余は皆空なるに由るが故に。是の故に、此の一即ち是れ十なり」と示されるわけです。

以上が「向上去」の関係であり、次に「向下来」の法門の理解に関してです。

向下と言うは亦た十門有り。一には十。何を以ての故に。縁成の故に。十即ち一なり。何を以ての故に。若し十無ければ即ち一無きが故に。一は無体にして是れ余は有なるに由るが故に。是の故に此の十は即ち是れ一なり。是の如く下に向って乃至第一、皆な各《おのおの》の前の如く準じて知るべきのみ。此の義を以ての故に当に知るべし、一一の銭は即ちこれ多銭なるのみ。（一一〇頁）

「向下来」の説明においては、まず基本の数を十とします。そのうえでまず九との関係を見、八との関係を見、七との関係を見、こうして、最後に一との関係を見ます。その関係の内容は、もはや最後の一との関係で言えば、「若し十無ければ即ち一無きが故に。一は無体にして是れ余は有なるに由るが故に。是の故に此の十は即ち是れ一なり」と示されていました。基本の数が無ければ、他の数もないという関係については、すでに述べた通りです。このとき、存在そのものの関係としては、基本の数が有体と見なされ、その他の数は無体となって、基本の数の有に即することになり、そこで基本の数は、その他の数そのものでもあるということになるのです。しかし、だからこそ、その他の数はその他の数として成立しているのです。

こうして、「向上去」・「向下来」合わせて、「一一の銭は即ちこれ多銭なるのみ」ということになります。このことは、それぞれの数において、一即多という関係が成立しているということです。同時に、多即一ということも、成立していることでしょう。

同体における用の関係

華厳宗では、関係が成立する背景に、異なるもの同士の関係（異体）だけでなく、その一方のもののなかにおいて他との関係を見ていく視点（同体）がありました。それが異体に対する同体の関係です。『五教章』ではこれまでの異体の関係の説明の後、同体の用の関係・体の関係が同じく十銭を数えることを例に説明されます。この同体の関係もよく理解しておくことが望ましいですが、これまでかなり複雑な論理を追ってきましたので、ここはもはやごく簡略にしておきましょう。

すなわち、自のなかに他を摂めとっていることを自において見るのが、同体の用の関係（一中多・多中一。この多は、十と見てよい）、自のなかで他と即しあっていることを自において見るのが、同体の体の関係（一即多・多即一）ということです。

なお、異体と同体の関係ですが、異体の関係が成立してはじめて同体の関係が成り立つわけではなく、すでに同体の関係があるからこそ異体の関係も成り立ちうるのであり、むしろ両者は同時に成就することなのでしょう。

重重無尽の多様な関係性――華厳宗の縁起思想

以上、十銭を数える仕方を基にした、異なるもの同士の用（作用）の関係および体（存在）の関係、あるものの自身に内在する他（同体）との用の関係および体の関係の説明を見ました。

ここでは、十銭を数える仕方に基づいて、華厳宗で説く重重無尽の縁起をなす法界の諸法全体の関係が説明されていましたが、その諸法のすべてが数のような順序などの特質を有しているというわけでもないとは思います。要は、凡夫の一面的な考えは離れて、有力と無力、有体と無体が交錯する双方向的な道理のとおり受け止めるべきなのです。

いずれにせよ、華厳宗が説く重重無尽の縁起の背景には、異体における相即・相入、同体における一即多・多即一、一中多・多中一があるのであり、縁起（関係）ということを深く理解するためには、この多様な関係性をじゅうぶん理解すべきです。私たちは日ごろ、関係という言葉を何気なしに使ってしまいますが、およそ関係（縁起）が成立するには、そのようにある一つの事象を多面的に捉えなければならないのでした。

なお、『華厳五教章』では、こうした論理を駆使して、十玄縁起無礙法門義《じゅうげんえんぎむげほうもんぎ》や六相円融義《ろくそうえんにゅうぎ》などの、たいへん興味深い説明を展開していますので、ご興味のある方は他の解説書などでさらにそれらを尋ねてみてください。

私は、この華厳宗の縁起の説明が、論理的にもっとも徹底したものだと思っております。

第六章　生死輪廻のしくみ

前提としての生死輪廻

仏教では、私たちはじつは何も真実を知らずに、迷いのなかに生活していると指摘するのでした。根本に無明をかかえ、本来、縁起・無自性・空の世界に対して自我とものを実体視し、それらに執着して苦しんでいる、と明かすのです。そうしたなかで、特に我執によって、生死輪廻《しょうじりんね》していくのだと説いています。今日の科学的な見方によれば、死後の世界の存在などは、考えられないことでしょう。しかし仏教は生死輪廻を前提として教理を組み立てているのが実情です。そこでまず、仏教は生死輪廻ということについて、どのように説いているのか、尋ねてみましょう。

業論者・釈尊

仏教の一番の旗印は、無我にあるでしょう。ここで無いと否定された我は、あくまでも「常・一・主・宰」なるものと定義されるものなのでした。ここの「主・宰」に関しては、主は自在、宰は割断とその意味が示されています（新導本『成唯識論』巻第一、二頁）。主体として作用し（主）、種々、判断する（宰）当体ということでしょう。ですから我とは、簡単に言えば、「常住で、不変で、しかも主体としてはたらくもの」、ということになります。仏教が否定する我とは、あくまでもそういうもののことなのです。古代インドにおいては、大多数の宗教・哲学学派において、アートマン（我）を認めていたのですから、これを否定する仏教は、そのなかにあってまさに異端の宗教でありました。

我とならんで、古代インドにおいて普遍的な思想のもう一つに、業の思想があります。業の思想とは、行為には未来に影響を与える力があると見るもので、しかもその影響力はこの世のうちにとどまるだけでなく、むしろ来世までにも及ぶと考えられています。もし来世にその影響力が発揮されなかったら、その次の来世に、あるいはさらに未来の世に、しかし必ずいつか発揮されるというのです。その際、善い行為をすれば、来世には楽しみの多い世界に生まれ、悪い行為をすれば苦しみの多い世界に生まれる、といいます。この行為の世界における因果の法則を、「善因楽果・悪因苦果」と言います。

この業の思想は、仏教も取り入れています。我（アートマン）の思想は否定したのですが、業（カルマ）の思想、言い換えれば生死輪廻の思想は採用しているのです。釈尊が生きた時代には、この伝統的な業思想を否定する宗教家、思想家が、多く現れていました。行為には、未来に及ぼす影響力はない、すべては運命によって定まっている、等々の思想も喧伝されていました。いわばニヒリズムを提唱するものも少なくなかったのです。それらの人の代表格が、仏教からは六師外道《ろくしげどう》と呼ばれています。参考までに、その様子を簡単に覗いてみましょう。

プーラナ・カッサパは、いかなる善・悪をなしてもその報いは存在しないとし、道徳否定論を主張した。

パクダ・カッチャーヤナは、生命（霊魂）を含む七要素説を唱えたが唯物論的な人間観を有し、刀で人を切っても刃が七要素の間を通過するのみと主張し、道徳の意義を否定した。

マッカリ・ゴーサーラは、生けるものの輪廻と解脱は、すべて無因無縁であり、一切は運命によりもとより決まっているという考え方を示した。

アジタ・ケーサカンバリンは、唯物論者であり、死後の世界を否定し、善悪の行為の報いはないと主張した。

サンジャヤは、形而上学的な問題は不可知であるとし、懐疑的な立場に終始した。

ニガンタ・ナータプッタ（マハーヴィーラとも呼ばれ、ジャイナ教の開祖となった）は、すべての判断を一面的に過ぎないとし、絶対的立場はありえないとして、徹底した相対主義（不定主義ともいう）を唱えた。（早島鏡正・高崎直道・原実・前田専学『インド思想史』、東京大学出版会、一九八二年、二八〜三六頁参照）

しかし釈尊は行為がその結果を招くことを重視し、自分の行為には責任を持たなければいけないと説くなど、ひじょうに行為を重視しました。その人がどういう存在であるかは、生まれによってではなく、行為によって決まるとも、くりかえし説いています。このように釈尊は伝統的な思想のなか、アートマンの思想は否定したのでしたが、業の思想は肯定したのです。そこで釈尊は業論者、行為論者（カンマ・ヴァーディン）と呼ばれたのでした。

もっとも、来世のこと、ひいては生死輪廻のことを、釈尊がどのように見ていたのかは、必ずしも明確ではありません。釈尊には、十四無記と言って、ふつうの合理的な知性によっては不明なことには答えなかったとの説があり、死後の世界についても何も言わなかったとの説もあるからです。

唯識説が説く煩悩のなかに悪見があり、その悪見のなかに辺見（辺執見《へんじっけん》）があります。その例に、常見・断見は誤りであり、それは離れなければいけないものとして説かれています。この常見とは、死後も自己があり続けると見るもの、断見とは死後には自己は無くなると見るものです。そのように、死後少なくとも無くなると見るのは誤りなのですから、自己は常住不変の実体ではなくとも、何らか続いていくということかもしれません。

それに釈尊の教えのなかには、現世の行為が来世に影響を与えることを示唆する説も見られないわけではなく、ましてその後の仏教の教理は、説一切有部にしても、大乗仏教にしても、生死輪廻は当然の前提として教理が組み立てられています。ところが一方では、無我を主張するのでした。そうすると、無我なのに、自業自得というように、自分の行為の結果を自分が受けることは、どのように可能か、が問題となります。これは仏教にとって、大問題であったでしょう。この問題の最終的な解決は、唯識説の阿頼耶識の説によって果たされたのでした。その唯識説における生死輪廻説の説明については、後ほどご説明いたします。

ともかく、仏教は業の思想を受け入れ、生死輪廻はあると説くのでした。そこで、現代人としては、ともかくこの輪廻の思想の実際をいったん受け止め、そのうえでそこにどういう意味を汲むかが課題となると思います。ということで、以下、仏教の説く輪廻のことについて、見てまいります。

生死輪廻と四有の説

仏教が説く輪廻の説には、大きく分けて、二つの説があります。一つは四有《しう》の説、もう一つは十二縁起説です。

初めに、四有の説とは、五蘊としての自己が、

生有《しょうう》↓本有《ほんぬ》↓死有《しう》↓中有《ちゅうう》↓生有↓〜〜

と、四つの有をくりかえしていくという説です。この有は、五蘊を意味しているのです。生有とは、どこかに受生した一刹那を意味しています。本有とは、生後、死ぬまでの間をいうものです。死有は、死の一刹那を意味します。その後、中有の世界に移行します。死んだら、無に帰するのではなく、五蘊は何らか別のかたちで続いていくというのです。死んだら身体などないではないか、と言うかもしれませんが、中有の世界では、人間の目にはみえなくとも、それまでの業により次に生まれることが決まっている世界（地獄・餓鬼・畜生・修羅・人間・天上など）の個体の形をした身体があるのだということです。

この中有には、最長、四十九日間いると説かれています。この期間を経て、またどこかに生まれて行くわけです。

このように、生死輪廻の説明として、生有↓本有↓死有↓中有の四有を経めぐるとの説があります。

説一切有部の十二縁起説――胎生学的な分析

次に、十二縁起（十二因縁ともいう）説というものがあります。すなわち、

無明－行－識－名色－六処－触－受－愛－取－有－生－老死

という十二項目（十二支）の縁起によって、我々は生死輪廻してやまないという説です。この十二縁起説の代表的なものに、説一切有部の三世両重《さんぜりょうじゅう》の因果説と、唯識説の二世一重の因果説との二つがあり、以下、それらを順に説明します。

まず、説一切有部の十二縁起説です。その内容を、簡単にまとめて一覧にしてみます。

無明　根源的無知　無明と相応して智明を欠く煩悩のすべて
行　業のこと　行為とその未来への影響力　善悪の諸業
識　心識が初めて母胎に託生する初念《しょねん》の位　四有中の生有
名色　名とは、非色の四蘊（受・想・行・識）　名色で五蘊＝個体（胎児）
六処　六根（器官）が具足された胎児　受生後、五週間くらい以降
触　根・境・識の三を和合させる触の心所　生後、二、三歳まで

受　苦・楽・捨の感受の心所　感情が目立ってくる　十二、三歳まで
愛　貪愛の心がさかんになる　愛着・執着が目立ってくる　十四、五歳以後
取　貪愛がさらにはげしくなる　青年期以降　愛・取は、過去の無明に相当
有　愛・取に基づく諸業の積集する位　業よく未来の果を有するので業を有という
生　未来に生まれる初念の位　前の識に相当
老死　生以後（第二念以後）死ぬまで

このように、この十二縁起説は、いわば胎生学的な分析となっています。このなかで無明と行が過去世、識から有までが現在世、生・老死が未来世です。現在世の中、識から受までが、過去世の果、愛から有までが未来世の因であって、この三世の十二項目のなかに、過去世の因と現在世におけるその果、また現在世が因となって未来世の果があるという、二重の因果が含まれています。それで古来、この説を三世両重の因果説と呼ぶのです。

無明から老死をくりかえす

以下、この説について、多少、説明します。

人間は誰でもどういうわけか生まれつき、「無明」に覆われています。その無明・煩悩の下にエゴイスティックなさまざまな行為をすることによって、業を作ります。「行」とは業のことです。

その結果、次の世にどこかに受生します。その受生の瞬間が、「識」です。身体的要素はまだ顕著ではないので、そこを識で表すのです。

次の「名色」は、古代インドの仏教などの術語で、名《みょう》は五蘊のうちの色蘊以外の四蘊（非色の四蘊）、すなわち受・想・行・識の各蘊を意味するものです。ですから、名色はけっして名前と形というようなことではありません。「名色」とは、非色の四蘊と色蘊のことなのであり、結局、五蘊のことなのです。つまり身心の個体のことです。ただ次の「六処」、すなわち眼・耳・鼻・舌・身・意の六根が形成される前の段階の個体で、その段階の胎児を意味し、次の「六処」はその後、眼や耳などが形成されてきた胎児の段階になります。そうして、母胎から出生すると、心と外界とが接触して感覚・知覚が発生します。ここが、「触」の段階です。

その後、その感覚・知覚に感情が伴われるのが目立ってきます。そこが、「受」です。さらに見るもの、聞くものなどに欲望がつきまとうようになります。そこが、「愛」です。この愛は貪愛のことなのです。さらに欲望が激しくなり、物欲だけでなく、権力や地位・名誉などにもしがみつくようになります。ここが「取」です。こうして未来世への業因を形成してしまうのです。その結果、来世にどこかに生まれることが確定します。そのように、未来の果を有するので、この段階を「有」といいます。

その業によって、次の世にまたどこかに生まれます。ここが、「生」です。以後、現在世と同じように無明・煩悩を起こして業を作りつつ、老い、死んでいきます。すなわち「老死」です。当然、このときの業によって、また次の世に生まれていくことでしょう。

以上が、説一切有部の、三世両重の因果を説く十二縁起説です。

過去一切の経験を貯蔵する阿頼耶識

このように、説一切有部の十二縁起説は、比較的わかりやすいものですが、唯識思想の十二縁起説は、若干解りにくいものがあります。これを理解するには、阿頼耶識のこと、また名言種子《みょうごんしゅうじ》・業種子《ごっしゅうじ》に関する知識が必要です。そこでここからはまず、前にも多少ふれましたが、もう一度しばらく阿頼耶識のことについて説明してまいります。前に述べたことと重複するかもしれませんが、重要なことなのでくりかえし説明させていただきます。

唯識説では、意識の下に、さらに末那識と阿頼耶識とがあると説いています。末那識は、常に我に執着している識で、これは意識が眠ってはたらいていない時にもはたらいているといいます。

阿頼耶識は蔵の識の意味で、過去一切の経験を貯蔵している識です。この識は、善でも悪でもなく（無覆無記《むふくむき》）、まったく中性的（ニュートラル）で、意識上の善い経験も悪い経験もそのままに受け入れ、それは未来の同じ経験の因ともなります。そこでそれを種子と言います。

元来、八識は刹那刹那、生じては滅し、生じては滅し、しながら相続されていくのであり、特に阿頼耶識は始めのない過去から終わりのない未来まで、一瞬の間隙なく相続されているとされます。それは、流れの早い大河（暴流）のようであります。

なお、人人唯識《にんにんゆいしき》と言って、一人ひとりが八識なのです。つまり各人に阿頼耶識があるということです。

じつは唯識思想で説く各識には、そのなかに対象面と主観面とが具わっています。これを術語でいうと、相分と見分です。では、阿頼耶識は何を相分としているのでしょうか。

すでに「第四章　世界の分析」（一一〇～一一一頁）において少しふれておきましたが、それは古来、有根身《うこんじん》と器世間《きせけん》と種子《しゅうじ》であると言われています。つまり自分の身体と環境世界とを一定期間、維持し続けているというのです。ただしその姿はまったく不可知で、私たちに知られるものではありません。私たちが知っているのは、五感を通してのもののみです。

一人ひとりの阿頼耶識に、それぞれ環境世界があるわけですが、それらはたとえば人間界に生まれた者にとっては、共通の業（共業《ぐうごう》）により同じ人間界の他の人びとのそれと共通のものとなっており、またそもそも識ですから重なり合っても物理的に排除しあうことはありません。このように、阿頼耶識のなかに身体と環境世界が維持されていて、そこにおいて見たり聞いたり、また考えたりといったことがおこなわれているというのです。

業はいかに継承されるのか

そもそもこのような阿頼耶識なるものは、どういうわけで説かれたのでしょうか。たとえば、行者が末那識までも滅するような深い禅定に入っても、のちに禅定から立って日常に戻ることができます。これは、末那識のさらに奥に生命（身体）を維持するものがあるはずだ、ということで、第八識の世界が考えられたということもあるでしょう。しかし阿頼耶識の存在を説く最大の意味は、無我にして生死輪廻することをいかに説明するかの解決にあると思われます。

大乗仏教では、ただ現在の諸法のみ実有であり、過去（の諸法）や未来（の諸法）は存在しないという立場をとります。当然、過去の行為は消えてしまうわけで、ではそういう立場において、どのように過去の行為の善・悪がその人の未来にまで影響をおよぼしうるかを説明しなければなりません。善因楽果・悪因苦果において、過去はそのつど無に帰し、行為そのものは消えるとして、その行為の何らかの情報が死後にも伝えられていかなければならないわけです。このとき、業の情報が身体に貯蔵されるとしましょう。言うまでもなく死後、現世の身体は消失してしまいます。そうすると、業の情報は、そこで途切れてしまいます。ですから業の情報が身体に貯蔵され保存されるとの見方は成立しません。

そういうわけで結局、過去は存在せず、未来も存在しないという状況のなかで、業の情報はどこに貯えられ、さらには未来に影響力を及ぼすのかが追究され、ついにそのことを阿頼耶識の設定によって説明しようとしたのでした。

阿頼耶識には、私たちの見たり聞いたり考えたりが、情報化されて貯蔵されます。これを熏習《くんじゅう》と言います。熏習とは、『成唯識論』では、胡麻に香華をあわせておいて、のち搾ると香油のできるようなことと説明されていますが、一般には、何の匂いもない衣を上において、下で香をたくと、その香りが衣にしみこむことと言われます。そうして阿頼耶識に蔵された情報は、未来の同じ経験を産み出す因になります。そこでこれを種子《しゅうじ》と言います。実際に見たり聞いたり考えたりすることを、現行《げんぎょう》と言い、それにより熏習されたものを種子と言います。そうすると、そこに、種子生現行、現行熏種子という関係が成り立っているわけです。

種子は縁が調うと現行を生み出す　　種子生現行
現行は直ちにその印象を阿頼耶識に植え付ける　　現行熏種子

興味深いことに、この両者は、同じ一刹那において行われるのだと言います。ここを、「三法（種子－現行－種子）展転《ちんでん》、因果同時」と言います。『成唯識論』はこのことを、「種子より生じた識等（現行）は、即ち熏習する因となって、また新たな種子を作る。この三の法（種子－現行－種子）は、展転して、因と果と（種子の因と現行の果、および現行の因と種子の果が）同時なること、ろうそくの芯が焔を生じ、焔が生じてその芯を焦がすようである。または蘆の束が更互《たがい》に相い依って立っているようである（これらはすべて同時の因果関係であることを言っているもの）。因と果と同時であるということ、この道理は全く揺らぐことはない」（新導本『成唯識論』巻第二、二七頁）と説いています。

一方、ある刹那の阿頼耶識が滅するとき、そこに持っていた種子を次の刹那の阿頼耶識にそっくり受け渡すと言われています。ここを、種子生種子と言います。

一刹那前の阿頼耶識は次刹那の阿頼耶識に種子を送り込む

こうして、種子生現行・現行熏種子および種子生種子のしくみのなかで、過去の情報も、現在から現在へ、現在から現在へと承継されていくことになります。このことにより、過去や未来は無く、ただ現在のみあるとしても、過去の行為の善悪の情報も未来へと伝えられていくことが可能になります。というわけで、阿頼耶識の最大の意味は、無我にして生死輪廻するしくみを説明することにあったというべきでしょう。

参考までに、唯識思想では、能熏（現行）、所熏（阿頼耶識）、種子について、その性格を厳密に規定しています。今は省きますが、このあたりのこともたいへん緻密な理論になっているのです。

名言種子と業種子

さて、生死輪廻とは、唯識思想のなかで説明すると、阿頼耶識の相分に維持されていた身体（有根身）と環境（器世間）が、寿命が来ると没して、その後、一定の期間をおいて、それまでの業により次に生まれるところの身体と器世間がまた相分に現れ、一定期間、維持される、ということのくりかえしということになります。このとき、死んでから、また生まれるまでは中有にいるのですから、その間は中有の身体と器世間が相分に現じているのでしょう。

この輪廻において、次に生まれる世界はどこになるのかを決定していくものが善・悪の業です。地獄に生まれるか、餓鬼に生まれるか、人間に生まれるかなどを決めるのが業なのです。前にも申しましたように、人間界に生まれるとは、阿頼耶識のなかに人間界の環境（器世間）と身体（有根身）とが、また一定期間（次の世の寿命の間）、阿頼耶識の相分に現じて（不可知だが）維持されるということです。

一方、この阿頼耶識の相分の身体や環境はそれ自身の種子から現行します。地獄の世界とそこの生き物、人間界の世界と人間としての身体などは、じつは阿頼耶識のなかにあるそれ自身の種子から現行するのです。

善悪の業は、七転識《しちてんじき》などの熏習－種子（名言種子）が帯びているものですが、それにある次の世に生まれる場所を決定する作用（善・悪の性質）を取り出して、業種子と言います。七転識の種子は、名言種子と言います。名言と言っても、言語活動が熏習されたものという意味ではありません。そもそも言語活動は、意識の活動にしかないものです。名言種子とは、あくまでも七転識の相分・見分が熏習したものを言うのであって、そこを誤解してはなりません。しかも阿頼耶識の相分の身体と器世間も、それ自身の種子（名言種子）から現行するのです。どの世界（六趣）の身体と環境の名言種子を現行させるか、それを決定する役割を担うのが業種子ということになります。

唯識思想が説く十二縁起説

以上をふまえて、『成唯識論』の十二縁起説（二世一重の因果説）が説かれます。その概要は、以下のようになります。なお、煩悩障《ぼんのうしょう》（我執にかかる一切の煩悩）に関してここに出る、分別起というのは、邪師・邪教・邪思惟《しゆい》により形成されたもので、いわば後天的なものです。これに対し、倶生起《くしょうき》とは、生まれるとともに起きているもので、いわば先天的なものです。また、総報とは、業果としての阿頼耶識（真異熟）、別報とは、その阿頼耶識において現行する業果としての前六識である異熟果（異熟生《いじゅくしょう》）を意味します。

無明　第六意識相応の愚癡無明のこととされますが、特にその中心となるのは、自覚的な我執に関わる煩悩（分別起の煩悩障）です。

行　業のことで、福業・非福業・不動業の三業です。福業は欲界の善業、非福業は欲界悪趣の悪業、不動業は上二界（色界・無色界）の総・別二報を引く業です。

よく業は身・語・意の三業によって語られますが、その正体、根本は第六意識とともにはたらく思《し》の心所です。

以上の無明・行の二つは、種子・現行の両方に通じてのものです。この二つを「能引《のういん》支《し》」といいます。次の世の生存（異熟の果報）を生ずべき種子（名言種子）を引いて、現行させる助けとなるからです。

識　次の世の業果としての阿頼耶識の種子です。

名色　名とは、非色の四蘊のこと、名色で、色・受・想・行・識の五蘊を意味します。ここでは、次の世の業果（ただしこの名色以外の、前の識と、後の六根＝六処と、触と、受とを除く）としての五蘊の種子のことになります。

六処　次の世の業果としての六根の種子です。意根は、六識の等無間《とうむけん》の意のことになります。

触　次の世の業果としての触の心所の種子です。

受　次の世の業果としての受の心所の種子です。

以上の五支を唯識では、次の世に生まれる業による果報、すなわち異熟果の、直接の因縁つまり名言種子と見るのです。阿頼耶識自身、阿頼耶識の種子から現行するのですが、要は、識から受までをまとめて、次に生まれるべき世界を現じる阿頼耶識の名言種子と思えばよいわけです（詳しくは業果としての七転識の世界の種子も含みますが）。それは、きわめて弱いもので、必ず業種子に引かれることによって現行するのです。そこで、これらを、「所《しょ》引支《いんし》」といいます。

愛　臨終時の、第六意識とともにはたらく、先天的に有している下品《げぼん》（粗）の貪愛のことです。

取　臨終時の、第六意識とともにはたらく、先天的に有している上品《じょうぼん》（細）の貪愛および他の一切の煩悩のことです。

取は、執取の義で、三界虚妄の生に執着し、よくそれを取るの意味で、煩悩を指します。なお、この取を、欲取・見取・戒禁取《かいごんしゅ》・我語取《がごしゅ》の四取で説明することがあります。欲取は、欲界の貪、我語取は身見（我見）のこと、諸の外道所執の我は、ただ言語のみにして実の我体がないから我語取と名づけます。ここでの取は耽着の意味で、我執を先として捨てないから、そう言うのです。

有　前の行の種子（業種子）と識等の五果の名言種子が、今の愛・取の貪愛の心によって潤された（潤縁《にんえん》を受けた）位を言うものです。

愛・取は、業種子と業果の因となる種子（名言種子）を潤すので潤生《にんじょう》の惑と言います。それはちょうど、穀種（名言種）が地中（業種）にあるも、雨露（潤縁）等が加わらなければ、発芽（感果）を得ることはおぼつかないかのようです。

以上の三支は、近い未来の業果である生死を生じるので、「能生支《のうしょうし》」と言います。なお、この愛・取の潤生のことについては、後ほど別途、説明します。

生　受生より老衰にいたるまでの業果の五蘊のことです。なお、当生（未来の生）の分位に約して、実際に来世に生まれる以前の、中有の初生以降とする場合もあります。

老死　衰変して死滅の位に至るまでの業果の五蘊のことです。

この二支は、前の三支によって生じたものなので、「所生支《しょしょうし》」と言います。これは、現行のみです。

「能引支」（無明・行）は因、「所引支」（識・名色・六処・触・受）はその果、「能生支」（愛・取・有）は因、「所生支」（生・老死）はその果です。しかし、「所生支」は「所引支」の現行したものであり、全体としては、「能引支」「所引支」「能生支」は因、「所生支」はその果です。

ここに、二世一重の因果関係が言われていることになります。すなわち、無明から有までの十支が過去世だとすると、生・老死が現在世、無明から有までの十支が現在世だとすると、生・老死が未来世で、この十因と二果との間で、必ず世を違えることになります。

以上が唯識思想における十二縁起の解釈の概略でありまして、要は業を重ねることにより、その種子（業種子）が、来世のいずれかの世界（趣）に生まれる果（阿頼耶識）の因となる名言種子を現行させて、輪廻がくりかえされるということです。こうして、「常住・不変・主体」の我はなく、また現在のみ実有で過去と未来は存在しなくとも、刹那滅ながら一瞬のすき間もなく相続しつづける阿頼耶識を説くことによって、業に基づく（自業自得の）生死輪廻の説明が可能となったのでした。

臨終時の煩悩が促す輪廻

このとき、非常に興味深いことに、臨終時に我執など（愛・取）を起こすことが、輪廻を強力に促すと明かされていることです。これを潤生《にんじょう》というのですが、もう少しこのことを尋ねてみることにしましょう。

そのことについては、新導本『成唯識論』巻八、一五頁以下に説明がありますが、むずかしくなりますので、深浦正文《ふかうらしょうぶん》の説明により理解することにしましょう。多少、意味を補い、また少し読みやすい表記に直してみます。

> 愛・取の二は命終《みょうじゅう》の位に起こって、前の能引の業種子と所引の名言種子とを潤す、よってこれを潤生《にんじょう》の惑という。いわく、名言種子と業種子と相い合して当果（未来の果）を招くわけであるが、もしそれに他の潤沢《にんたく》の縁を蒙らなければ、その現行はおぼつかないのである。あたかも、穀種（名言種－識等五）が地中（業種－無明・行）にあるとも、雨・露（潤縁－愛・取・有）等がそれに加わることがなければ、発芽（感果－生・老死）を見ることとおぼつかないがようである。……すなわち命終の位にあるや、下品の貪愛法爾《ほうに》に起こって、自体（自分自身）を愛し境界（自分自身が置かれた世界）を愛する。（『成唯識論』の注釈書である）『了義灯《りょうぎとう》』巻五末によると、死有（死の一刹那）の位には、未だ当生（次に生まれる）の処（世界）を縁ぜないから自体愛を起こし、中有（死後、次に実際に生まれる間）の位には、当生の処を縁ずるから境界愛を起こすとあって、

これが唯識の常説とされるのである。その自体愛とは、現在の自身に貪着して、少しでも長生せんことを欲するをいい、境界愛とは、当生の境界に対して貪着するをいう。……しかして、この貪愛を起こす位が愛である。かくて、貪愛相続して、終に上品の貪愛およびその他の一切の煩悩を起こして、しばしばこれを潤沢する、その位が取である……（深浦正文『唯識学研究』下巻、永田文昌堂、一九五四年、五〇一頁以下参照）

このように、臨終時といってもその時だけでなく、さらに死後、中有においても含まれるようなのですが、自分自身と世界とに貪愛をしばしば起こすことにより、来世に業にしたがって受生することを強力に助けていくというのです。仏教がここまで臨終時および死後の世界の事情を解明していることは、驚くべきことです。

いにしえの人は、こうしたことをそのままに受け止めていたからでしょう。臨終時に正念に住することの大切さが強調されたり、ある人の死後、お経を読んだりしてその亡者を可能な限りよい方向に導くというようなことがなされました。浄土教では、臨終時に念仏を唱えれば、「仏の名《みな》を称うるがゆえに、（十念の）念々の中において、八十億劫の生死の罪を除き、命終る時、……一念の頃《あいだ》ほどに、すなわち極楽世界に往生することをえ」（『観無量寿経』、岩波文庫『浄土三部経』〈下〉、七八頁）などと、たいへんな量の罪障が滅するとも説かれています。

生死輪廻をめぐる洞察と考察

科学の高度に発展した現代においては、このような生死輪廻の世界は、とうてい信じられない、と思われるでしょう。しかし仏教はどこまでも生死輪廻を前提として、教理を組み立てていることに、間違いはありません。もちろん、その事実を私たち人間が確認することは、できない相談です。

実際問題として、生死輪廻があるとすれば、我々は死後の来世にどこに生まれるのか、はなはだ不安にならざるをえないでしょう。一方、死後の世界などないとすれば、やがて無に帰する恐怖を感じずにはいられません。

死後の世界があるにせよ、無いにせよ、いずれにしても、死の問題は我々に人生の大きな謎を問いかけます。

問題の根本は、本来、主体であるべき自己を対象化して、その自我について常・断、有・無などの分別をめぐらすところにあることでしょう。この問題は、後ほど（「第十章　自力と他力」）に考えるとして、ともかく仏教はこのような生死輪廻を前提に、発心・修行・菩提・涅槃の仏道を想定しており、特に唯識説では、長期間、生死をくりかえしつつ修行して仏に成ると説いているのです。

ともあれ、仏教では生死輪廻をめぐって、以上のように深い洞察と考察を展開しているのでした。

第七章　仏と成るとは

諸法にも実体のあるものは何一つない

　仏教には、小乗仏教と大乗仏教があるのでした。この両者については、前にある程度、ふれておきましたが、ここでもう一度、簡単にその違いについて述べますと、小乗仏教では、我執のみを断じて阿羅漢《あらかん》となり、生死輪廻から解放され、涅槃（寂静《じゃくじょう》の世界）に入って満足するといいます。これに対し、大乗仏教では、我執と法執をともに断じて、涅槃と菩提（覚りの智慧）を実現し、仏となってその後も永遠に衆生救済のために活動するとされています。涅槃とは、ひとまず寂静の世界、菩提は覚りの智慧と言っておきます。

　このように、我執を断つと涅槃を実現し、法執を断つと菩提を実現します。この我執にかかる煩悩のすべてを煩悩障《ぼんのうしょう》といい、法執にかかる煩悩のすべてを所知障《しょちしょう》といいます。煩悩障は、煩悩即障で、煩悩という障りのことです。所知障は、所知、知られるべきもの（真如等）への障りの意味で、それは、知られるべきものを知る智慧に対する障りということになります。

　たとえば、貪の煩悩がありますが、我を貪《むさぼ》ると、それは煩悩障になります。ものを貪ると、それは所知障になります。同じ煩悩でも、我執に関わるか、法執に関わるかによって、煩悩障になるか所知障になるかが分かれてくるということになります。

というわけで、大乗仏教では、我執と法執、煩悩障と所知障の双方を断じて行く修行をしていくことになります。そのために、五蘊無我の教えのみならず、一切法空の教えが説かれたわけです。諸法にも実体のあるものは何一つない。ゆえに諸法を実体視し、それらに執着することを断つべきである、というわけです。こうして、涅槃と菩提を実現した人が仏なのです。これに対し、小乗仏教で修行を完成した人は、阿羅漢と呼ばれ、じつは身も心も滅ぼして涅槃の世界に入り込んでしまうとされています。

では、仏となった時に実現するという、涅槃と菩提とは、どのようなものなのでしょうか。以下、そのことをしばらく尋ねていきたいと思います。

大乗仏教の道を歩もうと決意した者はみな菩薩

その前に、大乗仏教徒ともいうべき菩薩《ぼさつ》について、説明します。菩薩とは、bodhisattva菩提薩埵《ぼだいさった》が縮められた語であって、菩提薩埵とは、薩埵が衆生のことですので、菩提の実現を求める衆生の意味であり、時に菩提と衆生の双方を心に掛ける者という意味とも解されています。

菩薩とは、文殊《もんじゅ》菩薩や普賢《ふげん》菩薩、観音《かんのん》菩薩や弥勒菩薩等々の、高位の者のみの呼称ではありません。むしろ大乗仏教の道に発菩提心《ほつぼだいしん》した者は、みんな菩薩です。発菩提心というのは、略せば発心《ほっしん》、詳しくは発阿耨多羅三藐三菩提心《ほつあのくたらさんみゃくさんぼだいしん》で、阿耨多羅三藐三菩提＝無上正《むじょうしょう》等覚《とうがく》＝このうえない正しい覚りの実現を求める心を起こすことです。そのように、最高の菩提の実現を志した者、大乗仏教の道を歩もうと決意した者は、たとえまだ覚りなど実現せずにいるとしても、だれでも菩薩なのです。これを凡夫の菩薩といいます。

ちなみに、『法華経』には、釈尊の弟子などの小乗仏教の修行者の声聞は四諦の法門を修学し、同じく小乗仏教の一類の修行者の縁覚（独覚《どっかく》ともいう）は十二縁起の観察行を修し、大乗仏教の修行者である菩薩は六波羅蜜を修して、阿耨多羅三藐三菩提の実現をめざすと言われています（「序品」、岩波文庫『法華経』上、四〇頁。「常不軽菩薩品《じょうふぎょうぼさつぼん》」、岩波文庫『法華経』下、一三〇頁参照）。この説示は、声聞乗・縁覚乗・菩薩乗（小乗仏教と大乗仏教）の基本を定義したものと言えるでしょう。

涅槃とは何か

さて、大乗仏教の修行者、菩薩は、基本的に修行を通じて、菩提と涅槃を実現するのでしたが、では、その涅槃とは何のことなのでしょうか、また菩提とは何のことなのでしょうか。以下、そのことを見てまいりましょう。

まず涅槃について、『成唯識論』では涅槃に四種あることが説かれています。すなわち、自性清浄涅槃《じしょうしょうじょうねはん》、有余依涅槃《うよえねはん》、無余依涅槃《むよえねはん》、無住処涅槃《むじゅうしょねはん》という四つの涅槃です。一方、菩提すなわち覚りの智慧にも四種類あることが説かれています。それは、大円鏡智《だいえんきょうち》、平等性智《びょうどうしょうち》、妙観察智《みょうかんざつち》、成所作智《じょうしょさち》というもので、修行が達成されると、阿頼耶識は大円鏡智に、末那識は平等性智に、意識は妙観察智に、前五識は成所作智に転じるとされています。この四智が、菩提ということになります。

今、発菩提心以降の修行のありようは後に見ることにして、先にその究極に当たる仏の内容、涅槃と菩提について理解しておくことにしましょう。およそ旅は、目的地が了解されていればこそ、成り立ちます。

このなかで涅槃については、『成唯識論』に、次のように説かれています。それぞれ、私の現代語訳を付してみます。

一には本来自性清浄涅槃。謂く、一切法の相たる真如の理ぞ。客染《きゃくぜん》有りと雖《いえど》も而も本より性浄し。無数量の微妙《みみょう》の功徳を具せり。生も無く滅も無く湛《す》めること虚空の若《ごと》し。一切の有情に平等に共有《ぐう》なり。一切の法と一にもあらず異にもあらず。一切の相と一切の分別とを離れたり。尋思《じんし》の路絶えたり。名言《みょうごん》の道《どう》断ちたり。唯だ真の聖者《しょうじゃ》のみ自ら内に証《かな》う所なり。其の性、本より寂なり。故に涅槃と名づく。（新導本『成唯識第一は、本来自性清浄涅槃です。それは、一切法の体相である真如という究極の普遍（理）のことです。外から付着した無明・煩悩などがあるとしても、それ（真如）自身はもとより清浄なるものです。それは無数量のすばらしい功徳を具えたものであります。生ずることもなく、滅することもなく、湛然としていて、虚空のようです。一切の衆生を貫いて平等に存在しています。また一切の諸法と、同じではありませんが異なるのでもありません。それは一切の相も、一切の分別も離れています。考察の道も絶え、言語の道も断たれています。ただ真に悟りを開いた者のみ、自ら内に証するところのものであります。この本性は、もとより寂然としていますので、故に涅槃と言うのです。

要は、真如そのものに涅槃を見るのです。真如とは、法性とも空性とも同じものです。ここで、自性清浄なる空性に、しかし「無数量の微妙の功徳を具せり」とあるのは注目されます。空性であるが故に無限の事象を生成するからでしょうか。ともあれ、その寂静なるあり方に、涅槃を見るのです。我々はどんなに迷い、どんなに我と諸法に執着していても、常に空性すなわち涅槃のただなかにいるのです。

修行を完成した者が体得する涅槃

二には有余依涅槃。謂く、即ち真如が煩悩障を出でぬるぞ。微苦《みく》の所依有りて未だ滅せずと雖も、而も障りを永《よう》に寂したり。故に涅槃と名づく。

三には無余依涅槃。謂く、即ち真如が生死の苦を出でぬるぞ。煩悩を既に尽くしつ。余依をも亦《ま》た滅して衆苦を永に寂したり。故に涅槃と名づく。（同前）

第二は、有余依涅槃、第三は無余依涅槃です。

第二の有余依涅槃は、小乗仏教の修行をして、我執に関する煩悩のすべてを断じて、真如が煩悩障（我執にかかる煩悩のすべて）を脱したところに名づけたものです。ただ過去の業報としての身心（余依）がまだ残っていて、まだ微苦の依りどころがあるのですが、煩悩障を完全に断じたので、涅槃と言うのです。

第三の無余依涅槃は、真如が生死輪廻の世界の苦しみを完全に脱却したところに名づけたものです。煩悩障を完全に断滅しただけでなく、残されていた身心（余依）をも滅して、もろもろの苦を完全に鎮めたので、涅槃と言うのです。

この有余依涅槃と無余依涅槃とは、いわゆる小乗仏教の修行者である声聞および縁覚が修行を完成して、我執に関する煩悩のすべてを滅した者（阿羅漢）が体得する涅槃であって、修行が完成した時にまだ身心（余依）が有るときと、寿命が尽きて死んで以降のときとの区別になります。ですから、無余依涅槃では、生死（輪廻）の苦を脱出したとも言われるわけです。無余依涅槃は、灰身滅智《けしんめっち》とも言われ、身智を灰滅した世界とも表されます。この有余依涅槃・無余依涅槃いずれも、前と同様、寂したりということに涅槃を見ています。涅槃を寂静と解しているのでしょう。

どこにも住しないところに涅槃を見る

四には無住処涅槃。謂く、即ち真如が所知障を出でぬるぞ。大悲と般若とに常に輔《ほ》翼《よく》せらる。斯《こ》れに由りて生死にも涅槃にも住せずして、有情を利楽《りらく》すること、未来際《みらいざい》を窮めて用うれども而も常に寂なり。故に涅槃と名づく。（同前）

第四は、無住処涅槃です。これは、真如が煩悩障だけでなく、所知障をも脱却したところに名づけたものです。所知障を離れているということは、菩提、智慧が実現しているということです。のちほど見ますが、特に四智のなかの一つ、平等性智は、自己と他者とその本性は一つであること、(自他平等性)、またあらゆる事象の本性は一つであること(一切法平等性)を自覚していて、そこに大悲のこころも起きてきます。そのように、智慧と大悲とに常に助けられて、生死輪廻を脱却していますが、涅槃に落ち着いてしまうこともなく、むしろ生死の世界に出てきて、衆生(有情)に真の楽の実現という利益をもたらすことを、未来際を究めて継続していきます。しかもそこにおいて空性をもじゅうぶんに自覚していて、常にその空性の寂静の境地にもあります。そこで、その活動のただなかに存在している真如を、涅槃と言うのです。

というわけで、生死にも住しないが涅槃にも住しない、どこにも住しないところに涅槃を見るというのが、無住処涅槃です。それはむしろ、未来永劫、他者を利益する活動、永遠の利他行のただなかにある真如に、涅槃を見るものでしょう。そこが、小乗仏教の涅槃と根本的に異なるところです。

以上、四種の涅槃を見ましたが、大乗仏教の涅槃としては、自性涅槃と無住処涅槃に特徴があると言えると思います。唯識説においても、我々はもとより涅槃のなかにあるということが言われているのです。と同時に、仏道の究極は、永遠の利他行にあることも、無住処涅槃の説によって、あざやかに語られていると思います。

菩提とは何か――大円鏡となった心

次に、仏の内容のもう一つ、覚りの智慧である菩提についての説明を見ていくことにします。『成唯識論』では、それは次のように説かれています。前と同じように、現代語訳も並べてみます。

一には大円鏡智相応の心品《しんぽん》。謂く、此の心品は、諸の分別を離れたり。所縁・行《ぎょう》相《そう》、微細《みさい》にして知り難し。一切の境相に忘ならず愚ならず。性・相清浄なり。諸の雑《ぞう》染《ぜん》を離れたり。純浄円の徳あり。現と種との依持《えじ》たり。身と土と智との影《よう》を能く現じ能く生ず。間《けん》無く断無くして未来際を窮む、大円鏡に衆色《しゅしき》の像を現ずるが如し。（新導本『成唯識論』巻第十、一四頁）

第一に、大円鏡智となった心（心王・心所有法）です。すなわち、この心は、もろもろの分別を離れていて、相分も見分も微細であって知りがたいものであり、一切の対象相を明瞭に証していて、それ自体も実際のはたらきも清浄であって、もろもろの無明・煩悩などを離れています。純粋・清浄・円満の功徳があり、現行と種子とを維持するよりどころであり、仏の身と仏の国土と他の三智の影像を相分に現じ、生じます。間断することなく

（空間的にも限りなく）して、未来際まで相続されるのです。それは、大きな円い鏡に、多くの姿を現じるかのようであります。

唯識思想によれば、智慧とは、心王に相応する慧の心所がきわめて発達したものをいうのであり、その意味で心王・心所有法の複合体であることは、凡夫の場合と変わりません。そこが心品と表現されているわけです。凡夫の阿頼耶識が、相分に有根身と器世間を維持するように、大円鏡はその相分に、自受用身としての仏の色身と仏国土《ぶっこくど》を維持しています。と同時に、のみならず一切の境相を明らかに照らし出しているのです。

大慈悲心の根本

二には平等性智相応の心品。謂く、此の心品は、一切の法と自他の有情とは悉《ことごと》く皆な平等なりと観じて、大慈悲の等《ごと》きと恒に共に相応す。諸の有情の所楽《しょぎょう》に随って、受用《じゅゆう》の身と土との影像《ようぞう》の差別を示現す、妙観察智の不共《ふぐう》の所依なり。無住涅槃の建立《こんりゅう》する所たり。一味に相続して未来際を窮めむ。（同前）

第二は、平等性智となった心です。すなわちこの心は、一切の諸法と、自他の衆生とは、すべて平等な本性に貫かれていると観じて、大慈悲等と常に相応しています。そこで、有情の願うところに応じて、他受用身《たじゅゆうしん》・他受用土《たじゅゆうど》のさまざまな姿を示現するのです。次の妙観察智の独自の所依となるものです。無住処涅槃（真如＝平等の本性）によって、平等性智の悲・智が成り立ちます。もしくは、この平等性智の悲・智によって真如が無住処涅槃として顕われます。悲・智を発揮するという、そのあり方のまま変わることなく相続されて、未来際まで活動するのです。

よって、平等性智の平等性とは、一切法の平等性および自他平等性ということになるでしょう。とりわけ他者と自己とが本性において平等であることを証することから、他者の苦を自己の苦としてその他者の救済に活動する、大慈悲心の根本になるのです。「諸の有情の所楽に随って」とはありますが、実際上は、十地の初地に上がった（無分別智を開いた）菩薩のためだけに他受用身（他者に自ら培った功徳を受用させる仏身）を示現するとされています。また特にこの智は、上述のように、無住処涅槃と深い関係を持つことにもなるのです。

妙観察智となった心

三には妙観察智相応の心品。謂く、此の心品は、善く諸法の自相・共相《ぐうそう》を観ずるに、無礙にして転ず。無量の総持《そうじ》と定門《じょうもん》と及び発生する所の功徳の珍宝とを摂観《しょうかん》す。大衆《だいしゅ》の会《え》に於て能く無辺の作用の差別《しゃべつ》を現ずるに、皆な自在を得たり。大法の雨を雨《あめふら》し一切の疑を断ず。諸の有情をして皆な利楽を獲せしむ。（同前、一四～一五頁）

第三には、妙観察智となった心です。この智慧は、よくもろもろの法のその独自相（特殊）と共通相（普遍）を観じるに、何の障碍もなく行われていきます。無量の陀羅尼《だらに》と禅定門と、諸の修行により生まれた功徳の珍宝を蔵しています。よく諸の禅定や総持に入出し、摂《おさ》め蔵し、また常に観察するとあります。周りに集まって来た菩薩らに説法する際に、ありとあらゆる無辺の作用を発揮して、そのすべてに自在です。偉大な教えの説法を有情らに注ぎ、一切の疑いを断じます。こうして、もろもろの有情に対して、皆に真実の楽を得させて利益するのです。

ここに「及び発生する所の功徳の珍宝」とあったのは、「六波羅蜜と三十七道品（菩提分法）と十力等の法」であるとされています。妙観察智は、第六意識が智慧となったものであり、言語活動もつかさどります。そこで説法の主体となり、衆生らの一切の疑いを断じるわけです。

「変化の三業」

四には成所作智相応の心品。謂く、此の心品は、諸の有情を利楽せんと欲するが為の故に、普く十方に於て種々の変化の三業を示現し、本願力の所応作《しょおうさ》の事を成ず。

(同前、一五頁)

第四は、成所作智となった心です。この心は、もろもろの有情を利益しようと思うが故に、どこでも十方において種々の変化の身・語・意の活動(三業)を示現し、本願に誓った内容(衆生の救済)にふさわしい行動をなすのです。

ここに言われた「変化の三業」とは、衆生の心(前五識)に、身・語・意の三業の影像を描き出すことです。成所作智は、所作を成ずる智で、この所作について、『成唯識論』は「本願力の所応作」と説明していました。これは、本願力に基づく、「応《まさ》に作すべき所」ということになるでしょう。

以上が四智の内容であり、菩薩は、初発心《しょほっしん》以来、修行してそれを完成すると、このような四智において、未来永劫、相続されていくのです。その一つの特質として、他受用身や変化身《へんげしん》を現じることがあり、言い換えれば、さまざまな境涯の他者に対し、適切に対応しつつ利他の活動を行じていくのです。このことからすれば、仏に成るということは、結局、自利利他円満になること、他者のために働きぬくような自己となることと言えるでしょう。ここに大乗仏教の核心があります。

ともあれ、以上のような涅槃（特に無住処涅槃）と菩提とを実現した人が、仏なのです。ただしその核心は、要は自利利他円満の存在になること、自分のいのちも大切にし、他者のいのちも大切にする存在になること、ということになります。

仏を多角的に捉える――仏身論の概要

ところで大乗仏教では、仏という存在の内容をいくつかの観点から分析して論じています。これを仏身論と言います。仏は何を身体（本体）としているかということになりますが、それには、法身《ほっしん》・色身《しきしん》の二身説や、法身・報身《ほうじん》・化身《けしん》の三身説《さんじんせつ》などがあります。すでに『法華経』では眼にみえない久遠実成《くおんじつじょう》の釈迦牟尼仏と姿かたちのある釈迦牟尼仏とが説かれていました。龍樹はそうした二身説だったようです。一方、唯識では三身説を主張しました。この三身論が大乗仏教のなかではもっとも発達した仏身論です。その基本は、やはり『摂大乗論』などに説かれる三身論だと思われますが、それを受けて『成唯識論』では、次のように示しています。まず、仏について、包括的に示します。

大覚世尊は、無上の寂默の法を成就したまいたり。故に大牟尼と名づく。此の牟尼尊の所得の二果は、永に二障を離れたり。亦たは法身なりと名づく。無量無辺の力と無畏との等《ごと》き大功徳の法に荘厳《しょうごんせ》所られたまえる故に。体と依と聚との義をもって、総じて説いて身と名づく。故に此の法身は、五の法を以て性と為す。浄法界《じょうほっかい》のみを独り法身と名づくるには非ず。二転依《てんね》の果をば、皆な此れに摂《おさ》むるが故に。（新導本『成唯識論』巻第十、二五頁）

まず、仏は無上の寂默の法を成就された方だと言います。牟尼は聖者の意とも言われますが、ここでは寂默によって解しています。その仏が得たものは、涅槃と菩提の二つの果であり、それは煩悩障と所知障とを、完全に滅尽したことによることを明かしています。この仏を、法身とも呼びます。これはその仏の全体に名づけた名前で、この法身の法とは、無量無辺の力と、無畏とのような偉大なる功徳のことです。仏はこれらの功徳によって荘厳されている方なのです。一方、法身の身とは、それら偉大な功徳の本体の意味、所依の意味、集まりの意味であり、これらのすべての意味がこめられた語です。したがって、この法身とは、清浄法界（真如）および四智の五法をその内容とするもので、その全体としての仏を呼ぶ言葉です。けっして清浄法界（真如）のみを法身と言うわけではありません。二つの転依の果（涅槃と菩提）を、これ（法身）に摂めるからです。

後ほど、いわゆる真如の理のみを法身と呼ぶこともあると説かれますが、その前に、基本的には、法身は仏身の全体を指す言葉であることを、理解しておかなければなりません。故に、今の文に続いて、「是の如き法身は、三の相、別なること有り」（同前）と、このような法身には、三種の相があることを述べています。この三種の相とは、先取りして言えば、これから説かれるところの、自性身《じしょうしん》・受用身《じゅゆうしん》・変化身のことであり、そのすべてをまとめて法身と言うわけです。

この自性身・受用身・変化身についてごく簡単に言えば、自性身とは、仏という存在の自体・自性（本体・本性）にその身体を見たものです。受用身とは、仏の覚りの智慧を実現し、その功徳を受用しているところに、その身体を見たものです。変化身とは、仏の智慧により衆生の感覚に現じた（変化）仏の姿にその身体を見たものです。さきほどふれた『法華経』の久遠実成の釈迦牟尼仏は、眼に見えない自性身と受用身を併せ持つ仏であり、歴史上、この世に現れた釈尊は変化身ということになります。以下、もう少し詳しくこの三身について、『成唯識論』の説くところを見てまいりましょう。

真に清浄なる法界——自性身

初めに、自性身とはどのようなものでしょうか。

一には自性身。謂く、諸の如来の真浄の法界《ほっかい》ぞ。受用《じゅゆう》と変化《へんげ》との平等の所依なり。相を離れたり、寂然なり、諸の戯論《けろん》を絶えたり。無辺際《むへんさい》の真常の功徳を具せり。是れ一切法の平等の実性《じっしょう》なり。即ち此の自性を亦た法身とも名づく。大功徳法の所依止なるが故に。(同前)

第一の自性身とは、すなわち諸の如来を通貫する、真に清浄なる法界のこと、簡単に言えば真如のことです。それは、受用身と変化身の平等の所依であります。それは、相を離れ、寂然としていて、諸の戯論をまったく離れたものです。しかしそれは、果てのない無辺際の真実・常恒の功徳を具えたものでもあります。これは、あらゆる存在(一切法)の平等のじつの本性です。すなわちこの自性を法身とも呼ぶ場合もあるわけです。この場合の法は、大功徳を意味し、身は所依を意味するから、法身と言うのです。

この真如は、空性にしてしかも諸の大功徳を有していると言います。空というあり方（空性）を根底とするからこそ、種々さまざまな現象界が生成・展開していくからでしょう。

二つの受用身

次に、受用身についてです。


二には、受用身。此れに二種有り。

一には自受用。謂く、諸の如来の三無数劫に、無量の福と慧との資糧を修集《しゅじゅう》して起こしたまえる所の無辺の真実の功徳と、及び極めて円《まど》かに・浄き・常・遍の色身と、相続せり、湛然なり、未来際を尽して恒に自ら広大の法楽を受用す。

二には他受用。謂く、諸の如来の平等智に由て示現したまえる微妙の浄功徳身ぞ。純浄土に居して十地に住せる諸の菩薩衆の為に、大神通を現じ、正法輪を転じ、衆の疑網を決して彼をして大乗の法楽を受用せしむ。此の二種を合して、受用身と名づく。（同前、二二五〜二二六頁）

第二は、受用身です。これには、二種類があります。一は、自受用身です。これは、諸の如来が、発菩提心よりほとんど無限といってもよいような長い時間（三大阿僧祇劫《あそうぎごう》の間）、無量の福と智との実現を目指して修行して得たところの無辺の真実の功徳と、およびきわめて完全で、清浄で、常住・遍満なる色身とを合わせたものを言います。この自受用身は、相続し、湛然で、未来際を尽して恒に自ら広大の法楽を受用します。

二は、他受用身です。これは、諸の如来において、その平等性智によって示現された微妙なる浄功徳を体現した仏身です。純浄の仏土に住して、十地に登って修行している諸の菩薩衆のために、大神通を現じ、正法輪を転じ、菩薩らの疑いの網を断じて、その者に大乗の法楽を受用させます。

この二種を合して、受用身と名づけるのです。

相手に応じた化身――変化身

次に、変化身についてです。

三には、変化身。謂く、諸の如来の成事智に由って変現したまえる無量の随類の化身ぞ。浄・穢土《えど》に居して未登地の諸の菩薩衆と二乗と異生との為に、彼の機の宜しきに称《かな》いて、通を現じ、法を説いて、各《おのおの》に諸の利楽の事を獲得せしめたまう。（同前、

二六頁）

第三は、変化身です。これは、諸の如来における、成事智すなわち成所作智（前述）によって現れた無量の、相手に応じた化身のことです。浄土もしくは穢土にいて、十地に登る前の諸の菩薩衆と、声聞・縁覚の二乗と、凡夫（異生）とのために、それぞれの資質に合わせて、神通力を表したり、教えを説いて、おのおのに諸の楽を得させ利益します。

以上で、自性身・受用身・変化身の三身論の基本が知られたことと思います。ですから仏典を読む時など、一口に仏と言っても、どの身において語られているかによって、その内容は異なっていることに、留意する必要があります。大乗仏教の仏の見方からすれば、たとえば歴史上、インドに現れた釈尊は変化身（化身）なのであり、久遠実成の釈迦牟尼仏は受用身（報身）であるということになります。また浄土教では、私たちを浄土に引き取るという阿弥陀仏が、本当の受用身（報身）なのか、それとも化現（仮現）に過ぎない変化身（化身）なのかによって、往生の意味も異なってくるということがあったりするわけです。そのように、仏身の区別を了解しておくことは、大事なことです。

清浄法界および四智と三身との関係

『成唯識論』には、このほかにも仏身論に関する議論が種々なされていますので、その主なものを見ておきたいと思います。まず、清浄法界と四智（大円鏡智・平等性智・妙観察智・成所作智）の五法と、三身との関係についてです。この清浄法界とは、真如とも変わりません。

五法の性を以て三身を摂めば、……（同前、二六頁）

有義（護法の正義《しょうぎ》）は、初の一（清浄法界）には、自性身を摂む。自性身をば本性常と説ける故に。仏の法身は生滅無しと説ける故に。証因（覚りという因）をもって得す、生因（生み出すという因）に（よる）は非ずと説ける故に。又た法身は諸仏に共（通）に有り、一切の法に遍ぜり、猶《なお》し虚空の若し。無相なり、無為なり、色・心（の有為法）に非ずと説ける故に。然も（ある論に）蔵識（第八阿頼耶識）を転去《てんこ》して得すと説けるは、謂く、第八識の中の二障の粗重《そじゅう》（種子）を転滅して、法身を顕すに由るが故なり。（『摂大乗論』の）智殊勝《ちしゅしょう》〈品〉の中に（これを）法身と説けるは、是れ彼れが依止なり。彼れが実性なる故なり。自性法身は、真実の無辺の功徳有りと雖《いえど》も、而も無為なる故に、説いて色・心等の物とは為すべからず。

（大円鏡智・平等性智・妙観察智・成所作智の）四智品の中の真実の功徳と、鏡智に起こされたる常・遍の色身とには、自受用を摂む。

平等智（平等性智）品の所現の仏身には、他受用を摂む。

成事智（成所作智）品の所現の随類の種種の身相には、変化身を摂む。（同前、二七頁）

清浄法界＝真如＝法性は、自性身に摂めます。自性身は本性が常住であると説かれており、故に生滅無しの無為法でなければなりません。この真如そのものが現れるのはただ無分別智によって証されるのみで、何かから生まれるものではありません。

また、法身（自性身）は、諸仏に共通してある（遍満している）ものであり、また一切の存在（法）に行き渡っているもので、あたかも虚空のようなものです。無相であり、無為であり、有為の色法・心法ではないと説かれるからです。

あるいは『摂大乗論』の「彼果智分」（智殊勝品）に、「応に知るべし、法身は幾ばくの仏法に由りて摂持《しょうじ》せらるるかを。略して六種に由る。一には清浄なるに由る。謂く、阿頼耶識を転じて、法身を得るが故に」（大正三一巻、一四九頁下。『世親釈』、同前、三七二頁下、『無性釈』、同前、四三八頁下）と、阿頼耶識を転じて法身（自性身）を得ると説くのも、それは第八識のなかの煩悩障・所知障の種子を修行により断滅して、法身を現前させることによるからです。ですから、阿頼耶識が転じた大円鏡智がすなわち法身なのではありません。法身は、彼れ（智）の依止であり、その智の実の本性であるからです。自性法身は、真実の無辺の功徳を有するのでありますが、しかし無為法であるので、色法・心法などのものと見なすべきではないのです。

大円鏡智・平等性智・妙観察智・成所作智の四智そのものにおける真実の功徳と、大円鏡智に起こされた常住・遍満する色身とは、自受用身です。

平等性智によって現された仏身は、他受用身です。

成所作智によって現された、相手に応じての種々の仏身は、変化身です。

以上の説からすれば、仏という存在の根本は、大円鏡智・平等性智・妙観察智・成所作智の四智そのものとしての自受用身にあると言えるでしょう。

実質ある仏と影像としての仏

次に、これらの三身が智そのものか、相手に現れている影像《ようぞう》なのかが説明されます。

又た、他受用と及び変化身とは、皆な他を化《け》せんが為に方便をもって示現せり。故に実智をもって体と為すとは説くべからず。化身をば智殊勝に摂むと説けりと雖も、而も智に似て現じ、或は智に起こさ所《る》るをもって仮て智という名を説けり。体は実には智には非ず。但だ平等と成所作智といい、能く受用と三業の化身とを現ずとのみ説いて、二身は即ち是れ二智ぞとは説かず。故に此の二智をば自受用に摂む。

然も変化身と及び他受用とは、真実の心・及び心所は無しと雖も、而も化現の心・心所法は有り。無上覚者は神力難《なん》思《じ》なるが故に、能く無形質《むぎょうぜつ》の法をも化現したまう。

（新導本『成唯識論』巻第十、二八頁）

また、他受用身と変化身とは、どちらも他者を接化するために、方便によって示現したものです。したがって、じつの智をもって体とすると言うべきではありません。『摂大乗論』の「彼果智分」（智殊勝《ちしゅしょう》）に、三身とも（ゆえに化身をも）優れた智に摂めると説いてある（彼果智殊勝、云何可見。謂由三種仏身、応知彼果智殊勝。一由自性身。二由受用身。三由変化身。大正三一巻、一四九頁上）のは、それは智に似て現じ、あるいは智に起こされるので、仮りて智という名を説いたのみです。その本体はじつは智なのではありません。ただ平等性智と成所作智とは、よく受用身と三業の化身を現ずとのみ説いているのであり、この二身はすなわち二智であるとは説いていません。したがって、この二智そのものは、自受用身に摂めるのです。

そういうわけで、変化身と他受用身とは、じつの心王・心所有法は無いのですが、ただし化現の心王・心所有法はあります。無上覚を成就した仏は、不可思議な神通力があるので、よく非物質的な法をも化現されるのです。

他にも仏という存在に関する議論が多々あるのですが、他はもはや省略します。こうして唯識思想においては、仏に、その本体としての真如そのものである自性身、その実質としての四智そのものである自受用身（報身）、十地以上の段階にいる菩薩らに現れる他受用身、衆生に現れる変化身と、いくつもの視点から分析されているのです。特に化身は、じつは我々衆生の心に映った影像にほかならないということをよく理解すべきでしょう。

以上によって、大乗仏教に説く仏という存在はどのようなものなのかを知ることができたでしょう。

仏身に対応する仏国土

なお、仏身論と緊密な関係を有する仏国土論《ぶっこくどろん》（浄土論）というものもあります。この仏国土についても、ごく簡単に触れておきたいと思います。

我々の身体は環境世界（器世間）に依拠するように、仏身は仏国土に依拠するわけですが、その場合、自性身が依る国土は法性土《ほっしょうど》と言います。受用身が依る国土は受用土《じゅゆうど》と言います。変化身が依る国土は変化土《へんげど》と言います。それぞれの仏身にふさわしい国土が有るわけです。なお受用身を分けて自受用身は自受用土に、他受用身は他受用土に依るということになります。

以上について、簡単に説明しますと、自性身は真如・法性そのものですから、その仏国土も真如・法性そのもので、同じものということになります。受用身は、四智のことでしたが、その国土は、大円鏡智における仏国土で、いわば本当の仏国土ということになります。特に自受用身の場合、その国土になるわけで、他受用身や変化身は、それに対応する仏国土も現じられたものということになるでしょう。

受用土を報身に対する報土《ほうど》とも言いますが、浄土往生を願う人びとは、阿弥陀仏の真の仏国土、報土に生まれることを求めました。しかし報身・報土に生まれるには、無分別智を開いて十地に入った以上の菩薩でなければならないとされ、凡夫は変化土にしか入れないということになっています。ところが中国の善導は、阿弥陀仏はどうにも救われない者を救うのだから、ということで凡夫ながらに報土往生《おうじょう》が実現するとの立場を訴えました。そこで善導にひとえに依る（偏依善導《へんねぜんどう》）とも言われた法然以下の日本の浄土教では、ほぼ凡夫の報土往生を認めているのが実情です。

如来蔵思想における仏身論――真如と智慧は一体

ただし、以上の説はすべて唯識説の主張によるものです。そこでは、真如と智慧とが截《せつ》然《ぜん》と区別されています。真如は無為法、智慧は有為法であり、智慧はその種子（無漏種子）から発現（現行）すると説きます。この立場を、理智各別《りちかくべつ》の説と言います。

しかし如来蔵思想などでは、真如と智慧とは一体のものであると見ています。この立場は、理智不二《りちふに》の説と言います。そのように、同じ大乗仏教でも、真如や智慧などの見方が異なっているのが実情です。理智不二の立場ですと、理とともに智慧もすでに衆生に内在すると見ることになり、そのことをふまえて如来蔵思想や本覚《ほんがく》思想が唱えられることになります。

と同時に、仏身の見方も、唯識説の見方と少し異なってくることになります。すなわち自性身は真如のみでなく、それに智慧も含まれることになってくるわけです。問題は、その真如と不二の智慧とは、いったいどのようなものなのか、です。このことに明確な記述はあまりないように思われます。ただ、理論の発展するところ、それには四智が含まれるということになり、そうすると、衆生はもとより仏の三身をも、ともに内に有しているという説にもなってきます。最澄は「無作《むさ》の三身」ということを言っています。そのような理論の展開があるということだけ、ここに述べておきます。

なお、理智不二の立場に基づく仏身論の一例を、『大乗起信論』から引用しておきましょう。『大乗起信論』の仏身論は、法身・報身・応身として説かれています。その内容をごく簡単に確認しておきたいと思います。まず法身については、次のようにあります。

復た次に、真如の自体相というは、一切の凡夫・声聞・縁覚・菩薩・諸仏に増減有ること無し。前際に生ずるに非ず、後際に滅するに非ず、畢竟じて常恒《じょうごう》なり。本従《よ》り已来《このかた》、自性いい、一切の功徳を満足す。謂わ所る、自体に大智慧光明の義有るが故に、遍照《へんじょう》法界の義の故に、真実識知の義の故に、自性清浄心の義の故に、常・楽・我・浄の義の故に、清涼《しょうりょう》不変自在の義の故に、是の如きの恒沙《ごうじゃ》を過ぎたる不離・不断・不異・不思議の仏法を具足し、乃至、満足して、少《か》くる所有ること無き義の故に、名づけて如来蔵と為し、亦《ま》た如来法身と名づく。（中川善教編『科・校異　大乗起信論』、高野山大学出版部、一九五六年、四一～四二頁）

ここには、心の真如の体大と相大に基づいて、法身が示されています。特に相大の面が詳しく説かれており、それは智慧を中心としたあらゆる功徳を具足しているということによって説かれています。ということは、理（体）智（相）不二というあり方を意味しており、また諸功徳を諸法とみて、法（功徳）の集まりとして法身仏を見ているということでもあるでしょう。

一方、報身と応身とは、この真如の用大において語られています。たとえば、「謂く、諸仏如来は唯だ是れ法身なり、智相の身なり。第一義諦にして、世諦の境界有ること無し、施作を離れたり。但だ衆生の見・聞に随って益を得るが故に、説いて用と為す」（同前、四五頁）とあり、それはその仏にとっての救済すべき他者である衆生の見聞に現れる仏として語られるわけです。その報身と応身に関する説を見てみましょう。

> 此の用に二種有り。云何が二と為すや。
>
> 一には分別事《ふんべつじ》識《しき》に依る。凡夫・二乗の心の見る所の者を、名づけて応身と為す。転《てん》識《じき》の現ずるを知らざるを以ての故に、外従り来ると見て、色の分斉《ぶんざい》を取て、尽く知ること能わざるが故に。
>
> 二には業識《ごっしき》に依る。謂く、諸の菩薩の初発意従り、乃至、菩薩の究竟《くきょう》地の心の所見をば、名づけて報身と為す。身に無量の色有り、色に無量の相有り、相に無量の好有り。所住の依果にも亦た無量種種の荘厳有り、示現する所に随って、即ち辺有ること無し。窮尽《ぐうじん》す可からず。分斉の相を離る。其の所応に随って、常に能く住持して、毀《き》

せず失せず。是の如きの功徳は、皆な諸の波羅蜜等の無漏の行熏と及び不思議熏の成就する所に因って、無量の楽相を具足するが故に、説いて報身と為す。（同前、四六～四七頁）

『大乗起信論』の識に関する説は独特で、唯識説の八識説とはかなり異なっているのですが、分別事識とは第六意識に相当します。一方、業識とは簡単にいうと世界や分別が現れる原初の段階の識（この業は、起動を意味する）なのです。ともかく、十住の初住以上の菩薩に見られるのが報身、凡夫などに見られるのが応身とされています。この報身と応身は、唯識思想でいう他受用身と変化身に相当するわけですが、『起信論』の立場では、他受用身にあたる仏身が、十地の初地以上ではなく、十住の初住以上で見ることが可能となっています。このあたりのことは、『起信論』と唯識説との間で、教理の組み立てが異なっているのです。

なお、この報身はもっぱら他受用身にあたりますので、法身のなかに智慧が含まれていることになり、『起信論』では唯識思想にいう自性身と自受用身をあわせて法身と見ていることが解ります。

ということで、同じ大乗仏教であっても、理智各別の立場の唯識思想と、理智不二の立場の如来蔵思想とで、仏身論の内容がやや異なるものがあることには留意しておくべきかと思われます。

智慧そのもの

以上をまとめれば、ともあれ仏とは菩提（四智）と涅槃（無住処涅槃）を実現した方で、その根本は智慧そのものと言えましょう。この智慧は、未来際を尽くして相続されていきますが、そのことは、くりかえし申しますが、利他の活動に永遠に励んで止まないということです。

一方、我々の側から言えば、そういう存在に何らかの仕方で出会い、感銘を受け、その大悲のはたらきによって救われようと思い、ひいては自分もそういう他者を自在に救済する仏のような存在にもなろうと思って、菩提心を発し、我執（煩悩障）と法執（所知障）を断ずる修行に取り組んでいくのが、大乗仏教というものの世界なのです。

第八章　発菩提心について

修行の出発点

大乗仏教の仏道とは、一人ひとりが仏に成っていく道なのでした。では、その道のりはどのようなものとして描かれているのでしょうか。ここからは、修行の世界のことについて、尋ねてまいります。

大乗仏教の仏道にはさまざまな段階が考えられていますが、その出発点において、発菩提心ということがあるべきと説かれています。そのうえで、その後の修行の道を進んで行くわけです。そこで本章では、この発菩提心ということについて考えてまいりたいと思います。

大乗仏教の修行者、菩薩すなわち菩提薩埵《さった》とは、bodhisattvaで、これは菩提（悟り）と薩埵（衆生）が組み合わさった言葉であり、その意味は菩提の実現を求める衆生ということと、さらには菩提と衆生の双方を心に掛ける者ということとも説明されるのでした。上求《じょうぐ》菩提・下化《げけ》衆生（上に菩提を求め、下に衆生を化す。あるいは、上に菩提を求めるは、下に衆生を化せんがためなり）という言葉がありますが、まさにこのことを追求する者が菩提薩埵、すなわち菩薩です。

そこで、菩薩はまず菩提心を発するわけです。この発菩提心とは、略せば発心ですが、詳しく言いますと、発阿耨多羅三藐三菩提心《ほつあのくたらさんみゃくさんぼだいしん》ということになります。この阿耨多羅三藐三菩提とは、このうえない（阿耨多羅）正しい（三藐）完全なる悟り（三菩提）ということで、無上正等覚とも訳されるものです。前にもふれましたが、『法華経』には、声聞は四諦の法門を修行し、縁覚は十二縁起を修行し、菩薩は六波羅蜜を修行して、阿耨多羅三藐三菩提を実現するのだと出てきます（「序品」、岩波文庫『法華経』上、四〇頁、その他）。したがって、発菩提心とは、『法華経』の立場などによるなら、大乗仏教独自のこのうえない悟りを実現する道を歩もうと決意することでもあります。

スメーダ青年の仏との出会い

ではこの発菩提心、詳しくは発阿耨多羅三藐三菩提心は、一体どこから生まれるのでしょうか。

その背景には、やはり何らかの「大乗仏教と出会う」ことがきっかけとなることでしょう。たとえば、一人の国王に過ぎない者が、法蔵菩薩となって兆載永劫《ちょうさいようごう》の修行を果たして阿弥陀仏になったという、その当初のきっかけは、当時、世に出現した世自在王仏にまみえたことにありました。世自在王仏が、衆生を自在に救済している姿をまのあたりにして心打たれ、自分もそのようになりたいと決意を固めたのでした。

このことは、仏伝文学において、釈尊の菩提心の自覚の事情を伝える、「燃灯仏授記《ねんとうぶつじゅき》物語」とその骨子を等しくしています。その物語の概略をここにご紹介すると、次のようになります。

その昔、インドのある都に、スメーダというバラモンの青年がいた。スメーダ青年は、両親を亡くした後、いったい何のために人間は生きるのかということが、自分の大きな問題になり、この問題を解決しようとヒマラヤの山中に入って、生・老・病・死の苦について瞑想するのであった。

その頃、弟子を従えて諸国を歴訪していたある仏が、山のふもとのある町にやってくることになった。スメーダ青年もそのことを聞いて、ふもとに下り、仏を迎える準備に加わった。ぬかるみの道を修理していたが、ついに間に合わず、仏がやってこられた。そこでスメーダ青年は、仏がぬかるみの道に入らないよう、伸び放題になった長い髪を投げ出し、道にうつ伏せになって、自分の背中を仏に渡っていただいた。

そのとき、スメーダ青年は、はっと気がつくのだった。「私一人が力を得ても、私一人が迷いの河を渡ったとしても、それになんの意味があるだろうか。むしろ一切の人々を迷いから渡す人に、自分もなろう」。そう自覚し、このことを実現しようと誓願を立てて、修行を始めた。その様子を見ていたその仏は、この者ははるか未来にゴータマ・ブッダになると予言し、保証した。その結果、釈尊は生死輪廻を重ねながら修行を続け、インドのあの時代に現れて仏陀となった。すなわちこのスメーダ青年は釈尊のはるかはるか過去世の者である。一方、かの仏は、その青年の心に灯《とも》を灯した仏なので、燃灯仏《ねんとうぶつ》といわれる。

スメーダ青年の背中を渡った仏は、ひたすら一切衆生の救済のための活動をしていたのでしょう。その気配を全身に感じて、スメーダ青年は自分一人だけの幸せにはたして意味があるのか、ということに気づかされたのです。

このように、仏に出会う、あるいは師に出会う、さらには経典に出会う、といったことが大きなきっかけとなって、菩提心が発せられることになるのだと思われます。

人はなぜ発心するのか――『発菩提心経論』

このあたりの事情に関して、天親《てんじん》（世親）菩薩造といわれている『発菩提心経論《ほつぼだいしんきょうろん》』という論書があり、その「発心品」には、人はなぜ発心するかについて比較的詳しい説明があります。その説を、ここで一覧しておきましょう。

『発菩提心経論』の「発心品」は、人は四つの縁によって発心すると説いています。その四縁とは、

一者、思惟《しゆい》諸仏発菩提心（諸仏を思惟して菩提心を発す）
二者、観身過患《かげん》発菩提心（自身の過患を観じて菩提心を発す）
三者、慈愍《じみん》衆生発菩提心（衆生を慈愍して菩提心を発す）
四者、求《ぐ》最勝果発菩提心（最勝の果を求めて菩提心を発す）

とあります（大正三二巻、五〇九頁中）。

このなかで一の思惟諸仏発菩提心は、仏ももと人間であった、我も同じ人間である、どうして自分が仏になれないことがあろうか、といった思いのもとに発心することと説明されています。二の観身過患発菩提心は、自己は悪業を作るのみ、あるいは煩悩熾盛の身であるといったことを見つめて発心することです。三の慈愍衆生発菩提心は、諸の衆生が無明、煩悩に覆われ苦しんでいるのを見て、発心することです。四の求最勝果発菩提心、諸の如来がすばらしい相好を有し清浄無染で、一切衆生を憐む慈悲深い存在であることに触れて、発心することです。

この四つの発菩提心は、相互に別々であってそのいずれかによる、というのが基本かもしれませんが、いくつか複合しての場合もありうるものと思われます。なかでも、衆生を憐愍して発菩提心するということは、本当に尊いものだと思わずにはいられません。

以上は、簡略な説明ですので、詳しくはこの論をご参照ください（「発心品」第二、大正三二巻、五〇九頁中～五一〇頁上）。

仏教における信について

ところで、大乗仏教の修行の階梯として一般に「十信・十住・十行・十廻向・十地・等覚・妙覚」という五十二位の階位が有名です。この説が、中国・日本においては、もっともよく用いられたと言えるでしょう。このなかで、十住の最初の段階が、初発心住と言われています。この説によれば、十信の修行が成満《じょうまん》して、信が決定《けつじょう》し確立されたとき、初めて菩提心を起こすことができるわけです。

そこでまず、仏教における信とはどのようなものなのかを見ておきましょう。以下は、『成唯識論』における、信の心（心所《しんじょ》有法《ほう》）の説明です。この心についても、すでに「第四章　世界の分析」において善の心所を説明するなかで少し見てあったのですが、あえてもう一度、取り上げておきます。

『成唯識論』（新導本巻第六、一〜二頁）によれば、信は、世界の真実のありかた（実有《じつう》）について深く了解し（信認）、仏・法・僧の三宝の清浄な功徳（有徳）に憧れ（信楽《しんぎょう》）、仏道の修行は自己実現を果たしてくれる力があること（有能）を信じて修せんと思う（信欲）という、この三つの心から構成されるものなのです。ここで信認の対象の実有とは原文に「諸法の実の事と理」とあるのですが、我々がふつう有ると思っている自我とものの背景にある、五位百法の諸法（事）とそれらを貫く空性もしくは法性・真如（理）ということになるでしょう。ただ、理には、諸行無常、諸法無我、縁起の故に無自性・空といった道理を含めてよいと思います。要は、仏教の経論において明かされた世界の本来のありようを深く理解することと言えます。信は仏の説法を聞くこと、経論を読むことから始まるわけです。その信認は、知性によるものでしょう。

一方、信楽の楽は願うということで、仏・法・僧という三宝への憧憬のことであり、ゆえに感情のはたらきに基づくものです。さらに信欲は、仏教の説く修行を信じて実践しようとする意志の発現ということになります。つまり仏教が説く信は、知・情・意の渾然一体となった心にあるということです。そのなかでは、知的理解が因となって、情的憧憬および意志的願望が生まれます。

この信の心は、それ自体、澄清にして、それ以外の心（心王・心所有法）をも浄化するはたらきを持っています。これに対し、不信の心は、それ自体、濁っており、また他の心をも汚していきます。信の心の特質は、まさにこの澄清ということにあるのです。

このような心が、信という心です。仏教が説く信は、知的な理解、信解から始まるところに、その独自性があると言えるでしょう。それは、仏の言葉を聞く（読む）ことから始まるのです。

『華厳経』に説かれる菩提心

こうして信が決定すると、発菩提心して、修行に入っていきます。その仏になるまでの修行の過程などについては、また章を改めて見てまいります。ここでは発菩提心とは、どのようなことなのかを、さらに尋ねてまいりたいと思います。

まず、この菩提心について非常に詳しく説いているのが、『華厳経』です。『華厳経』に「入法界品《にゅうほっかいぼん》」という品（章）があり、それは善財童子《ぜんざいどうじ》が五十三人の善知識を次々と尋ねてそれぞれの法門を修得し、ついには成仏を果たすという、求道遍歴物語が説かれています。そこにおいて、善財童子は最後から三番目、五十三番目（善財童子は五十五ヵ所を訪問しますが、なかに重複する師がいたりします）に弥勒菩薩を訪ねます。すると弥勒菩薩は善財童子に、菩提心について詳細に説き明かすのです。その教説は、かの鈴木大拙に大きな感銘を与えたのでした。これにはなんと百十七箇条もあるのですが、ここにその一部を紹介してみましょう。

菩提心は、則ち為（これ）一切諸仏の種子なり、能く一切諸仏の法を生ずるが故に。
菩提心は、則ち為（これ）良田なり、衆生の白浄《びゃくじょう》の法を長養するが故に。
菩提心は、則ち為（これ）大地なり、能く一切諸の世間を持するが故に。
菩提心は、則ち為（これ）浄水なり、一切の煩悩の垢《く》を洗濯するが故に。
菩提心は、則ち為（これ）大風なり、一切世間に障礙《しょうげ》無きが故に。
菩提心は、則ち為（これ）盛火なり、能く一切の邪見愛を焼くが故に。
菩提心は、則ち為（これ）浄日なり、普く一切衆生の類を照らすが故に。
菩提心は、則ち為（これ）明月なり、諸の白浄法《びゃくじょうほう》悉く円満するが故に。
菩提心は、則ち為（これ）浄灯なり、普く一切諸の法界を照らすが故に。
菩提心は、則ち為（これ）浄眼なり、悉く能く邪正《じゃしょう》の道を睹見《み》るが故に。

……（大正九巻、七七五頁中）

このように、菩提心は諸仏の種子（因）、良田、大地、浄水、等々に比せられ、その理由がその後に説明されています。菩提心には、仏の悟りを完成していく、多種多様なすばらしいはたらきがあることが強調されているのです。

以上は、ほんの一部であり、その他、じつに多彩な説明があって、その締めくくりには「菩提心は、このような無量の功徳を成就して、一切の諸仏菩薩の諸の功徳と等しい。なぜかというと、菩提心に因って一切の諸の菩薩行を出生し、三世の諸仏も正覚を成就されたからである」(同前、七七六頁下)と示すのです。

このあと、菩提にはいかにその菩薩(修行者)を護り、育てる功徳があるかが、さらに詳細に善財童子に説明され、そのうえで善財童子は弥勒の大楼観に入ることを許されます。そこで善財童子が見たものは、じつにめくるめくような悟りの世界の光景でありました。

道元の発菩提心――「迷い・悟りの地平をはるかに超えたもの」

次に、日本の曹洞宗の高祖・道元は、比較的よく発菩提心について語っていますので、その説くところを見てみましょう。道元はたとえば、次のように言っています。

他心通は、西天竺国の土俗として、これを修得するともがら、ままにあり。発菩提心によらず、大乗の正見によらず、他心通をえたるともがら、他心通のちからにて仏法を証究せる勝躅《しょうちょく》、いまだかつてきかざるところなり。他心通を修得してのちにも、さらに凡夫のごとく発心し修行せば、おのづから仏道に証入すべし。……（『正法眼蔵』「他心通」、『道元禅師全集』第二巻、春秋社、一九九三年、二四五～二四六頁）

何か神秘的な能力を身に着けたとしても、それだけでは大乗仏教の仏道にかなうことはできないと言います。肝心なのは、むしろ正しく発菩提心して修行していくことなのだと諭しています。このことは、たいへん重要な指摘だと思います。

また、次のようにあります。

おほよそ菩提心とは、いかがして一切衆生をして菩提心をおこさしめ、仏道に引導《いんどう》せましと、ひまなく三業にいとなむなり。いたづらに世間の欲楽をあたふるを、利益《りやく》衆生とするにはあらず。この発心、この修証《しゅしょう》、はるかに迷悟の辺表を超越せり。三界に勝出し、一切に抜群せる、なほ声聞・辟支仏《びゃくしぶつ》のおよぶところにあらず。（『正法眼蔵』「発菩提心」、同前、三三三頁）

発菩提心とは、自分がまだ救われるより前に、他者の救いを実現しようという心を起こすことだと言います。それも、他者に世間的な欲望を満たすのを助けることではありません。「いかがして一切衆生をして菩提心をおこさしめ、仏道に引導せましと」と、常に考え行動することです。この発心・修証は、もはや迷い・悟りの地平をはるかに超えたものだと言います。そのくらい、菩提心を起こすということは、偉大な内容を有していることなのです。

この自分よりも先に他者の救いをめざすという心は、どのように生まれ得るのでしょうか。それは、この章の初めの方に述べたように、まさにそのことを体現している存在、仏・菩薩などに出会うことによってなのでしょう。あるいはそういう教えに出会うことからも、ありえることかと思います。ここに、大乗仏教の本質があると言って過言ではないでしょう。

なお念のため、自《じ》未《み》得度《とくど》先度《せんど》他《た》という句は、たとえば『涅槃経』に説かれています。またその『涅槃経』の句は、密教の『菩提心論』に引用されています。

発心と同時に成仏――『華厳経』の独特な見方

こうして、まず発菩提心して、そして修行をしていくと仏と成るというわけなのですが、『華厳経』では、初めて菩提心を発した時に、すでに仏と成るという、独特の見方が説かれています。そのことを説く有名な言葉として、「初発心の時に、便《すなわ》ち正覚を成ず」(「梵行品」、大正九巻、四四九頁下)というものがあります。『華厳経』ではこの句だけでなく、そのほかにも同様のことがしばしば説かれているのです。以下、一、二、その例を挙げてみましょう。

菩薩、生死に於て、最初に発心せし時、一向に菩提を求めて堅固にして動ずべからず。彼の一念の功徳、深広《じんこう》にして辺際無し。如来分別して説かんに劫を窮むとも尽くすことあたわず。何《いか》に況《いわん》や無辺無数無量劫に於て具足して諸度諸地功徳の行を修せんをや。(「賢首菩薩品」、同前、四三二頁下~四三三頁上)(諸度とは、諸波羅蜜のこと)

ここには、初発心の時、その一念の心には深広にして無辺の功徳が具わっていると言っています。つまり仏の有する功徳と同等の功徳を実現しているということを意味しているわけです。

此の初発心菩薩、即ち是れ仏なるが故に、悉く三世の諸の如来と等しく、亦た三世の仏の境界と等しく、悉く三世の仏の正法と等し。如来の一身無量身、三世の諸仏平等の智慧を得、所化の衆生も皆悉く同等なり。（「初発心菩薩功徳品」、同前、四五二頁下）

ここでは、初発心菩薩は即ち仏であると明言されています。さらには三世の諸仏とまったく変わらない旨のことが説かれています。

なお、『華厳五教章』「義理分斉」に説かれる「十玄門」に「三、諸法相即自在門」があり、この門では一切諸法が、一即一切・一切即一であって、円融無礙自在であることを明かすのですが、そこでは、特に初発心の菩薩が仏と変わらないことの説明に焦点があてられています。そこではさらに、初発心以降の修行の各段階も他の一切の段階を含んでいる、ゆえに仏の世界もそこに具している、ということも説かれています。

以上の「初発心時《しょほっしんじ》、便成《べんじょう》正覚《しょうがく》」の句などは、古来、「信満成仏《しんまんじょうぶつ》」の思想を説くものとも見なされてきました。信が決定することによって、菩提心を発することができます。菩提心を発せば、もうそこで便ち正覚を成ずることになるのでした。とすれば、信が成満《じょうまん》すれば、もう仏と成ることになるのです。そこで、「信満成仏」と言われるわけです。『華厳経』「入法界品」末尾（故に『華厳経』の末尾）に置かれた頌、

此の法を聞いて歓喜し、信じて心に疑うこと無き者は、
速やかに無上道を成じて、諸の如来と等しからん。（同前、七八八頁上〜中）

も、このことを意味しているでしょう。「速やかに」の内実を、「即座に」の意ととれば、信が成就した時に、もう如来と等しいということになります。この頌は、親鸞が「信心が成就すれば、そこでもう如来と等しい」と説く、「如来等同」説に大きな影響を与えたのでした。

修行と悟りは一つ——道元

発菩提心について深い理解を語っていた道元はまた、修と証、すなわち修行と証悟（悟り）とは一つだと説いていることは、よく知られていると思います。道元の仏道は、発菩提心して以降、修証一等《しゅしょういっとう》の仏道なのです。このことは、今、『華厳経』の説くところに見た、修行のそれぞれの段階に仏の悟りの功徳がすべて具わっていると説くことと同じことでもあります。

修証一等のことについて、道元の『弁道話』では、次のように説いています。

それ、修・証はひとつにあらずとおもへる、すなはち外道の見なり。仏法には、修証これ一等なり。いまも証上の修なるゆえに、初心の弁道すなはち本証の全体なり。かるがゆえに、修行の用心をさづくるにも、修のほかに証をまつおもひなかれ、とをしふ。直指《じきし》の本証なるがゆえなるべし。

すでに修の証なれば、証にきはなく、証の修なれば、修にはじめなし。ここをもて、釈迦如来・迦葉《かしょう》尊者、ともに証上の修に受用せられ、達磨大師・大鑑《だいかん》高祖、おなじく証上の修に引転せらる。仏法住持のあと、みなかくのごとし。すでに証をはなれぬ修あり、われらさいはひに一分の妙修を単伝せる、初心の弁道すなはち一分の本証を無為の地にうるなり。

しるべし、修をはなれぬ証を染汚《ぜんな》せざらしめんがために、仏祖、しきりに修行のゆるくすべからざるとをしふ。妙修を放下《ほうげ》すれば、本証、手の中にみてり、本証を出身すれば、妙修、通身におこなはる。（『道元禅師全集』第二巻、四七〇～四七一頁）

「修証」とは、「修行と悟り」のことです。その二つを一つでない、別のものであると見るのは、外道の見解だとしています。道元によれば、修行と悟りとは一つであり、等しいものなのです。ここに、「初心の弁道すなはち本証の全体なり」ともありました。修行の世界はまた、「直指の本証」、もとより悟りそのものにほかならないものなのです。ですから、悟りを完成しても、修行に限りはありません。そこで「証上の修に受用せられ」るともありました。こうして、仏道の全段階、全過程が修証一等の世界そのものであることを、強調しています。

また、「すでに修の証なれば、証にきはなく、証の修なれば、修にはじめなし」とありましたが、「証にきはがない」ということは、ある悟り体験を得た後でもますます修行が続いていくことを意味しています。まさに「道は無窮《むぐう》なり」です。ここも、道元の仏道の一つの大きな特徴です。こうして、修行は因位のみにあるのではない。果位（仏と成って以降）にも修証があるということになります。道元は、

仏祖一大事の本懐なるがゆえに、得道のあしたより涅槃のゆふべにいたるまで、開演するところ、ただ安居の宗旨のみなり。……ただ因地に修習するのみにあらず、果位の修証なり。大覚世尊、すでに一代のあひだ、一夏《いちげ》も欠如なく修証しましませり。しるべし、果上の仏証なりといふこと。（『正法眼蔵』「安居」、『道元禅師全集』第二巻、二三五～二三六頁）

と説くのです。釈尊が成道の後も安居《あんご》（一定期間の共同修行生活）を結んで、弟子らとともに修行生活を送られたのは、「果位の修証」、すなわち仏に成ってからの修証であると示します。要は、仏に成っても修行は続く、それが仏道の正しいあり方である、ということです。

たがいに浸透しあう発心・修行・菩提・涅槃

したがって、道元の修証は決して「発心は一発にしてさらに発心せず、修行は無量なり、証果は一証なり、とのみきく」（『正法眼蔵』「発菩提心」〈「発無上心」〉、『道元禅師全集』第二巻、一六四頁）というようなものではありえません。発心のなかにすでに菩提・涅槃が含まれ、菩提・涅槃のなかに発心が含まれている、ということになってきます。発心・修行・菩提・涅槃は、じつはたがいに浸透しあうものとなるでしょう。このことは、「行持道環《ぎょうじどうかん》」と言われます。

仏祖の大道、かならず無上の行持あり、道環して断絶せず、発心・修行・菩提・涅槃、しばらくの間隙《かんげき》あらず、行持道環なり。このゆえに、みづからの強為《ごうい》にあらず、他の強為にあらず、不曽染汚《ふぞうぜんな》の行持なり。（『正法眼蔵』「行持」上、『道元禅師全集』第一

巻、春秋社、一九九一年、一四五頁）

そのたがいに浸透しあっている発心・修行・菩提・涅槃は、じつに果上の修として、おのずから運ばれるものであり、かつ無垢清浄なるはたらきであると言っています。

なお、以上の修証一等・行持道環の別のしかたの説明として、道元独特の波羅蜜多説があります。波羅蜜多、pāramitā の語は、古来、一義的に訳すのが困難な言葉として、漢語に翻訳されずにきた言葉です。それには、「到彼岸」と「最勝」という、二つの意味があるからです。道元は『正法眼蔵』「仏教」の巻において、この（波羅蜜）の語の意味を取り上げ、

波羅蜜といふは、彼岸到なり。彼岸は去来《こらい》の相貌蹤跡《しょうせき》にあらざれども、到は現成《げんじょう》するなり、到は公案なり。修行の、彼岸へいたるべしとおもふことなかれ。これ彼岸に修行あるがゆえに、修行すれば彼岸到なり。この修行、かならず偏界現成の力量を具足するがゆえに。（『道元禅師全集』第一巻、三八七頁）

と言っています。六波羅蜜の修行は彼岸に行くことでなく、彼岸がそこに到達しているよ

うな修行だというのです。彼岸の世界がどこかに存在していて、そこからやって来るというわけではないのですが、修行しているところに彼岸が現成しているのだというのです。ここでの「公案」とは「現成している真実」という意味です。「彼岸に修行あるがゆえに」の句には、「本証の妙修」を見ることもできるでしょう。

この「仏教」の巻ではさらに、「六波羅蜜といふは、檀《だん》波羅蜜・尸《し》羅《ら》波羅蜜・羼提《せんだい》波羅蜜・毘梨耶《びりや》波羅蜜・禅那《ぜんな》波羅蜜・般若波羅蜜なり。これは、ともに無上菩提なり」（同前、三八六頁）とまでも言っています。波羅蜜（彼岸到）であるがゆえに、六波羅蜜のすべてはそのまま無上菩提であるというのです。ここからも道元の仏道は、証上の修ないし本証の妙修の修行であることが知られるでしょう。

浄土教——阿弥陀仏の救いとは

しかし、凡夫のわれわれには、日々修行していくことは、なかなかできないことだろうと思われます。また、坐禅は安楽の法門と言いますが、足は痛いし、心は千々に乱れて、とても集中することはできません。それればかりか、純粋に菩提心を起こすことすら、とてもできないという人もいるでしょう。

そういう人の救いの道として設けられているのが、他力浄土教でしょう。法然は、愚鈍の機根でどんな行も難しい自分が、仏道においていかに救われるかを真剣に追究しぬいた方でした。その果てに、阿弥陀仏の本願による救いに出会ったのでした。では、阿弥陀仏の救いとは、どのようなものなのでしょうか。

日本の法然、親鸞、一遍らの浄土教は、もっぱら『無量寿経』が説く阿弥陀仏の本願（四十八願）の第十八願によって救われると言います。その第十八願とは、次のようなものです。

たとい、われ仏となるをえんとき、十方の衆生、至心《ししん》に信楽《しんぎょう》して、わが国に生れんと欲して、乃至十念せん。もし、生れずんば、正覚を取らじ。ただ、五逆と正法を誹謗するものを除かん。（岩波文庫『浄土三部経』上、一五七頁）

この第十八願ではいわば、少なくとも十回念仏すれば、浄土に引き取ってもらえるということになります。

一方、これと呼応した説が、『無量寿経』巻下のほぼ冒頭にありまして、それは次の通りです。

十方恒沙《ごうじゃ》のもろもろの仏・如来、みなともに無量寿仏の、威神功徳《いじんくどく》の不可思議なることを讃歎《さんだん》したもう。あらゆる衆生、その名号を聞きて、信心歓喜し、ないし一念せん。至心に廻向して、かの国に生れんと願わば、すなわち往生することをえて、不退転に住すればなり。ただ、五逆と正法を誹謗するものとを除く。（同前、一八六頁）

こちらでは、ただ一回でも念仏すれば、往生間違いなしと言われています。ですから、阿弥陀仏の本願に基づく救いは、これほど簡単なことになっているわけです。

『観無量寿経』の三心

ところが、『観無量寿経』に、次の一文があります。

〈上品上生《じょうぼんじょうしょう》〉とは、もし、衆生ありて、かの国に生まれんと願う者、三種の心を発《おこ》さば、すなわち往生す。なにをか三とす。一には、至誠心《しじょうしん》、二には、深心《じんしん》、三には、廻向発願心《えこうほつがんしん》なり。（この）三心を具うれば、必ずかの国に生まる。（岩波文庫『浄土三部経』下、六八〜六九頁）

このように、至誠心、深心、廻向発願心の三つの心を発して念仏するのでなければ、浄土に生まれることはできないとあるのです。至誠心は真実の心、深心は深く信じる心、廻向発願心は、まさに極楽浄土に生まれたいと願う心です。いずれも真実で純粋で清浄な心です。では、人間はこのような心を本当に起こすことはできるのでしょうか。無明・煩悩にまみれた心において、そのような純粋な心を起こすことができるのでしょうか。ここに、浄土教の一つの大きな問題があることになります。問題は念仏よりも、三心にあるのです。

親鸞——金剛の真心

このことについて、親鸞は非常に悩み、考え抜いて、それらの三心はわれわれが起こすべきものではありえず、ただ仏の心でしかありえない、それがわれわれに差し向けられているのだ、という結論に至ります。そのあたりのことを物語るものとして、『教行信証《きょうぎょうしんしょう》』「信巻」に、次の言葉があります。

> 次に信楽といふは、すなはちこれ如来の満足大悲円融無碍の信心海なり。このゆゑに疑蓋間雑《ぎがいけんぞう》あることなし。ゆゑに信楽と名づく。すなはち利他回向の至心《ししん》をもつて信

楽の体とするなり。しかるに無始よりこのかた、一切群生海《ぐんじょうかい》、無明海に流転し、諸有《しょう》輪《りん》に沈迷し、衆苦輪《しゅくりん》に繋縛せられて、清浄の信楽なし、法爾として真実の信楽なし。ここをもつて無上の功徳値遇《ちぐう》しがたく、最勝の浄信獲得《ぎゃくとく》しがたし。一切凡小、一切時のうちに、貪愛の心つねによく善心を汚し、瞋憎《しんぞう》の心つねによく法財を焼く。急作急《きゅうさきゅう》修《しゅ》して頭燃を炙《はら》ふがごとくすれども、すべて雑毒雑修《ぞうどくざっしゅ》の善と名づく。また虚仮諂偽《こけてんぎ》の行と名づく。真実の業と名づけざるなり。この虚仮雑毒の善をもつて無量光明土に生ぜんと欲する、これかならず不可なり。なにをもつてのゆゑに、まさしく如来、菩薩の行を行じたまひしとき、三業の所修、乃至一念一刹那も疑蓋雑《まじ》はることなきによりてなり。この心はすなはち如来の大悲心なるがゆゑに、かならず報土の正定の因となる。如来、苦悩の群生海を悲憐して、無碍広大の浄信をもつて諸有海《しょうかい》に回施《えせ》したまへり。これを利他真実の信心と名づく。（『浄土真宗聖典――註釈版』、本願寺出版部、一九八八年、二二八、二三四～二三五頁）

凡夫には無始の過去以来、無明に覆われていて清浄の心は一切ありえないこと、ただ阿弥陀仏のみ、修行時代から心に煩悩（疑蓋）のまざることはまったくなかったことが指摘されています。そうして、阿弥陀仏は仏に成るとともに、「苦悩の群生海を悲憐して、無碍広大の浄信をもつて諸有海に回施したまへり」と、われわれに信心を賜ってくださったというのです。それは、「利他回向の至心」であり、われわれに向けられた純粋なる一心です。それをいただいたのが、「利他真実の信心」でもあります。それは、「如来の大悲心なるがゆゑに、かならず報土の正定の因となる」、すなわち本当の浄土に生まれることができる因となるのです。この信心を、親鸞は、「如来の満足大悲円融無碍の信心海」とも言っています。

また、至心《ししん》・信楽《しんぎょう》・欲生《よくしょう》（我国）の三心共通の特質を、次のようにまとめています。なお親鸞はここで、『無量寿経』の第十八願に出る、至心・信楽・欲生（我国）の三心をとりあげて論じていますが、それは『観無量寿経』に説かれた、至誠心、深心、回向発願心の三心と照応したもの、同一のものと見なされています。

> まことに知んぬ、至心・信楽・欲生、その言異《ことばこと》なりといへども、その意これ一つなり。なにをもつてのゆゑに、三心すでに疑蓋雑《まじ》はることなし、ゆゑに真実の一心なり。これを金剛の真心と名づく。金剛の真心、これを真実の信心と名づく。真実の信心はかならず名号を具す。名号はかならずしも願力の信心を具せざるなり。このゆゑに論主、建《はじ》めに「我一心」とのたまへり。（同前、五〇、二四五頁）

こうして、如来のこの私を救おうとする純粋な一心、すなわち金剛の真心が、この私に差し向けられていて、その心をいただくとき、それが信心ということになります。まさに「如来より賜る信心」であるわけです。これをいただく時、おのずから念仏が唱えられてきます。報謝の念仏です。この信心をいただくことのない単なる称名念仏は、いわば無意味であるということでしょう。『往生論』を著した天親（世親）は、その初めに、「我一心帰命……」と言います。そのように、浄土往生に必要な三心（至誠心・深心・廻向発願心。または至心・信楽・欲生〔我国〕）を言わず、なぜ一心と言ったのかは、阿弥陀仏の修行時代を通じての、清浄純粋なる一心を受けてのことなのだ、と明かしています。

本願力廻向の信心と発菩提心

この立場から、かの『無量寿経』巻下冒頭の、「十方恒沙のもろもろの仏・如来、みなともに無量寿仏の、威神功徳の不可思議なることを讃歎したもう。あらゆる衆生、その名号を聞きて、信心歓喜し、ないし一念せん。至心に廻向して、かの国に生れんと願わば、すなわち往生することをえて、不退転に住すればなりと」という文（親鸞は「至心に廻向したまえり」と読む）に対しても、親鸞はその主著・『教行信証』において次のように説明しています。

しかるに『経』に「聞」といふは、衆生、仏願の生起《しょうき》本末を聞きて疑心あることなし、これを聞といふなり。「信心」といふは、すなはち本願力回向の信心なり。「歓喜」といふは、身心の悦予《えつよ》を形《あらわ》すの貌《かおばせ》なり。「乃至」といふは、多少を摂するの言なり。「一念」といふは、信心二心なきがゆゑに一念といふ。これを一心と名づく。一心はすなはち清浄《しょうじょう》報土の真因なり。金剛の真心を獲得すれば、横に五趣八難の道を超え、かならず現生に十種の益を獲《やく》。なにものか十とする。一つには冥衆《みょうしゅ》護持の益、二つには至徳具足の益、三つには転悪成善《てんあくじょうぜん》の益、四つには諸仏護念の益、五つには諸仏称讃の益、六つには心光常護《じょうご》の益、七つには心多歓喜の益、八つには知恩報徳の益、九つには常行大悲の益、十には正定聚に入る益なり。（同前、六五、二五一頁）

ここに、「本願力回向の信心」とあります。また、経の「信心歓喜し、ないし一念せん」についても、念仏のこととは言わず、本願力回向の信心に二心のないことを言っていると解しています。

以下は私の個人的な理解に過ぎませんが、ここに、真宗における発菩提心があると見ることができるかと思います。それはまさに、「如来より賜りたる発菩提心」ということです。自己がどうにも救われないことを徹底して自覚した時（機の深信）、阿弥陀仏の救いの呼び声が聞かれてきます（法の深信）。この関係は、「逆対応」（西田幾多郎）と言うべきものです。そこに自己と自己を超えるものとの関係の自覚があり、その本願に任せる心が起きてきます。それは、一種の発菩提心と見てよいのではないでしょうか。

そのように見た時には、浄土教にも発菩提心があるということになるでしょう。真宗等の方は、そうは言わないとは思いますが、私はそのように理解しています。

なお、親鸞は信成就した人は、弥勒便同《みろくべんどう》とも、如来等同《にょらいとうどう》とも言っています。如来等同の説の一つの根拠は、『華厳経』「入法界品」最後の句で、本章中、前に紹介してありますが（二三一～二三二頁）、ここでは親鸞の読み方で紹介しましょう。

『華厳経』にのたまはく、「この法を聞きて信心を歓喜して、疑いなきものはすみやかに無上道を成らん。もろもろの如来と等し」となり。（同前、三四、二三七頁）

仏道のすべては初発心にある

じつはいわゆる自力聖道門でも、仏に出会ったり、師や経論に出会ったりして、そこでこの道を行こうという心が生まれるわけです。発菩提心自体、実は他力に促されてのもの以外ではないはずです。なお、この心が真に生まれ得た時には、すでにそこに仏道の全体が成就していることでしょう。その意味では、仏道のすべてはこの初発心にあると言って、過言ではないでしょう。

第九章　修行の道筋

仏教における善悪について

大乗の仏道は、初め発菩提心に始まり、修行を経て、仏と成る道なのでした。すでに、仏とは何か、発菩提心とは何か、について説明しましたので、いよいよどのように修行して仏と成るのか、その修行の道について説明してまいりたいと思います。

修行とは、我執＝煩悩障と、法執＝所知障を対治し、離れていく道と言えます。このことを言い換えますと、悪を離れ、善を積んでいく道とも言えるでしょう。仏教でも、善・悪ということを言うのです。仏教の善・悪観は、「善因楽果《ぜんいんらっか》・悪因苦果《あくいんくか》」の句に尽きます。これを簡単に言えば、善を多くなせば、死後、また人間界や天上界に生まれたり、さらには解脱に向かっていくことになったりします。一方、悪を多くなせば、死後、地獄・餓鬼・畜生など、苦しみの多い世界に生まれることになります。このことをまとめて説くものが、「善因楽果・悪因苦果」の句です。

では、仏教における善・悪とは、いったいどのようなものなのでしょうか。『成唯識論』は、善・悪（＝不善）について、「能く此世・他世に順益するにおいて、故《か》れ名づけて善と為す。……能く此世・彼世に違損するにおいて、故れ不善と名づく」（新導本『成唯識論』巻第五、一九頁。書き下し文を多少改めた）と示しているのですが、この善・悪の定義を受けて、唯識研究の大家、深浦正文は、他の文献も踏まえ、次のように明かしています（深浦正文『唯識学研究』下巻、永田文昌堂、一九五四年、一五八頁、二三二頁参照）。

二世にわたって自・他を順益するものを善とする。
二世にわたって自・他を違損するものを不善とする。

このように、仏教における善とは、現世と来世において、自分だけでなく他者をも利益する結果をもたらす行為であり、悪とは、現世と来世において、自分だけでなく他者をも損ねていく結果をもたらすものなのです。

では、より具体的に、善となるもの、悪となるものは、どのようなことなのでしょうか。唯識説では、「五位（心王・心所有法・色法・不相応法・無為法）百法」の諸法を分析しているわけですが、その心所有法のなかに、善の心、煩悩・随煩悩の心が分析されています。煩悩・随煩悩は、末那識とともにはたらく場合は無記（有覆無記。善でも悪でもない）なのですが、それ以外の場合は悪ですから、基本的には悪と見なして差し支えないでしょう。この悪の心が起きつつ行為をしているとき、それは悪の行為ということになるわけです。逆に善の心とともに行為をなす時、それは善の行為となります。

それら善・悪（不善）の心の内容については、すでに「第四章　世界の分析」に説明しておきましたので（一一八～一二二頁）、それをご参照ください。

これらのなかで、善の心を増やしていって、悪の心を減らしていくことが、我々の課題となるわけです。

修行の階位

では、どうしたら善の心を増やしていくことができるのでしょうか。それは基本的に、修行することによってということになります。少なくとも修行しているときは、心はこのような善の心にみたされることになるのです。では、どのように修行していくのでしょうか。

まず、修行の階位として、日本ではよく「十信・十住・十行・十廻向・十地・等覚・妙覚」という、五十二位の説が用いられました。信を確立する修行から始まり、十地の修行ののち、仏になる一歩手前の等覚の位も立てています。ただし唯識説を唱える法相宗では、その十信と等覚を除く四十一位の説、「十住・十行・十廻向・十地・仏」の階位が説かれています。

一方、法相唯識では、この全体を、「資糧位《しりょうい》・加行位《けぎょうい》・通達位《つうだつい》・修習位《しゅじゅうい》・究竟位《くきょうい》」という、五つの位（五位）に分けて見る説をも説いています。今、四十一位と五位の相互関係を示しますと、次の通りです。各位の修行の内容もごく簡単に付しておきます。

信の確立が根本

資糧位＝十住・十行・十廻向（その修行には種々あるも布施・持戒・忍辱・精進・禅定・智慧の六波羅蜜が基本）

加行位＝十廻向の最終段階（唯識観等止観行）

通達位＝初地の入心（無分別智と後得智を実現）

修習位＝十地（十波羅蜜、六波羅蜜＋方便・願・力・智）

究竟位＝仏

以下、これらの修行の内容を、主に初心の間に焦点をあてつつ解説してまいりましょう。

大乗仏教の戒とは

信が確立されますと、発菩提心して、本格的な修行が始まります。その際、一般に仏道は戒・定・慧の三学と言われます。戒律を守り身心を慎み生活を調えて、さらに心を統一していき、そのうえで智慧を磨くということが仏道の根本なのです。大乗仏教の修行としても、基本の修行が六波羅蜜だとして、布施・持戒・忍辱・精進・禅定・智慧において、持戒・禅定・智慧と、戒・定・慧の三学を根本にしています。

そこで、大乗仏教の修道論の実際を見て行く前に、大乗の戒について簡単に見ておきたいと思います。

大乗仏教の戒律としては、大きく分けて、『梵網経《ぼんもうきょう》』の十重四十八軽戒《きょうかい》と『菩薩地持経《ぼさつじじきょう》』などの三聚浄戒とがあります。古来、仏教僧は大乗仏教の仏道を歩んでいても、戒律は具足戒と言われる小乗戒をも受けるものでしたが、最澄が自分たちの仏教は大乗仏教なのだから、大乗戒だけでよいとしました。その大乗戒は、『梵網経』の戒であります。そこで、その「十重四十八軽戒」の十重戒だけ見ておきますと、次のようなものです。

殺戒《せっかい》・盗戒《とうかい》・淫戒《いんかい》・妄語戒《もうごかい》・酤酒戒《こしゅかい》・説四衆過戒《せつししゅかかい》・自讃毀他戒《じさんきたかい》・慳惜加毀戒《けんじゃくかきかい》・瞋心不受悔戒《しんじんふじゅげかい》・謗三宝戒《ほうさんぼうかい》（智顗《ちぎ》による。石田瑞麿『梵網経』、仏典講座14、大蔵出版、一九七一年、二七九頁）

だいたいの意味は解るでしょう。酤酒戒とは、酒を売ってはいけない、という戒だと見られています。とすれば、ここに飲酒の戒はないことになりますが、ただしこの飲酒の戒は、四十八軽戒のなかに含まれています。

一方、『瑜伽師地論』系統の三聚浄戒は、摂律儀戒《しょうりつぎかい》・摂善法戒《しょうぜんぼうかい》・饒益有情戒《にょうやくうじょうかい》から構成されるもので、順に、悪をなさない（止悪《しあく》）・善をなす（修善《しゅぜん》）・他者を利益する（利他行）、という内容になっています。これを簡略に示しますと、次のようになります。

摂律儀戒　＝止悪　すなわち、五戒　十善戒　十重・四十八軽戒　等
摂善法戒　＝修善　すなわち、六波羅蜜　三十七菩提分法　等
饒益有情戒＝利他行　すなわち、四摂法《ししょうぼう》　四無量心　等

以下、それぞれについて、若干、説明します。

摂律儀戒（止悪）

釈尊在世時には、在家の者は、仏宝・法宝・僧宝の三宝に帰依しますという三帰依をなして、熱心な人は五戒を受けました。五戒とは、「不殺生・不偸盗・不邪婬・不飲酒・不妄語」の五つです。ここに、悪をなさないというあり方が集約されていますが、ここでた

とえば不殺生の本来の意味は、「殺生を遠離するという学処を、私は受持します」というものです。つまりけっして他律的ではなく、どこまでも自律的・自発的なものなのです。初期大乗仏教においては、十善戒が説かれました。十善戒は、十善業道を戒にしたもので、その内容は次の通りです。

不殺生（殺さない）・不偸盗（盗まない）・不邪淫（よこしまな男女関係を持たない）〔以上、身業〕、

不妄語（嘘をつかない）・不綺語《ふきご》（飾り立てた言葉を言わない）・不悪口《ふあっく》（粗暴な言葉を使わない）・不両舌《ふりょうぜつ》（仲違いさせることを言わない）〔以上、語業〕、

不貪欲（貪らない）・不瞋恚（怒らない）・不邪見（誤った見方を持たない）〔以上、意業〕

こうして、身・語・意の三方面にわたって、日ごろの行為を慎むのです。この十善戒は、大乗菩薩の基本的な戒と見てよいものです。

摂善法戒（修善）

摂善法戒は、積極的に善を実践することで、要は種々の修行ということになります。そ

のなかでも、もっとも基本的なものは、六波羅蜜でしょう。この六波羅蜜、すなわち布施・持戒・忍辱・精進・禅定・智慧、については、のちほど多少、詳しく説明します。このほか、三十七菩提分法などがこれに当たります。三十七菩提分法とは、次のようなものであり、多彩な修行が用意されていることが知られます。

四念処《しねんじょ》（身・受・心・法に対し、不浄・苦・無常・無我を観察する）
四正勤《ししょうごん》（未生の悪を生ぜざらしむ・已生の悪を滅せしむ・未生の善を生ぜしむ・已生の善を増さしむ）
四如意足《しにょいそく》（欲・精進・心・思惟）
五根（信・勤・念・定・慧）
五力（五根の増長）
七覚（択法《ちゃくほう》・精進・喜・軽安《きょうあん》・捨・定・念）
八正道（正見・正思惟・正語・正業・正命・正精進・正念・正定）

饒益有情戒（利他行）

饒益有情戒は、他者を利益していく活動で、たとえば、四摂法《ししょうぼう》や四無量心が相当します。
四摂法とは、菩薩が人びとを摂取し引導する行ということで、布施・愛語・利行・同事というものです。布施は、後の六波羅蜜における布施の説明をご参照ください。愛語は、相手に対する思いやりに満ちた、優しい言葉遣いを心がけることです。これは、十善戒の語業に関する戒め（不妄語・不綺語・不悪口・不両舌）とも関係することでしょう。利行は、各種の利他行と言ってよいでしょう。同事は、相手と同じ境遇に身を置きつつ（光を和らげ）、相手が仏道を成就しようとすることを助けていくこと、相手のためにアシスタントになること、と言ってよいでしょう。上から目線を捨てるということにもなりましょう。

四無量心は、人びとを憐愍《れんみん》する無量の心を四種に分けて示したものであり、慈《じ》・悲《ひ》・喜《き》・捨《しゃ》の心をいうものです。順に、慈とは与楽で相手に楽を与えること、悲とは抜苦で相手の苦しみを除いていくこと、相手に寄り添い、相手の不安をやわらげることもそのなかに入るでしょう。喜とは相手が苦を離れ楽を得ること（離苦得楽《りくとくらく》）を喜ぶことです。捨とは、誰に対しても差別なく平等に応対することです。四無量心は、これらの無量の心を持ち、またその心にしたがって種々、実践していくということになります。

以上が、三聚浄戒の内容に関する簡単な説明で、多分に私なりの理解をこめたものですが、現代の大乗仏教徒も、基本的にこの三聚浄戒、すなわち止悪・修善・利他行という三種類の行為を日常生活の目安としていくべきではないかと思います。その際、上述のように、摂律儀戒は十善戒、摂善法戒は六波羅蜜、饒益有情戒は四無量心というものを標準としたらいかがかと思います。これを現代の三聚浄戒とするのがよいと思うのです。なお、前に申したように、戒は自律的、自発的であるべきものであって、けっして他律的なものではないことを、よく理解すべきです。

説一切有部における修行への準備

さて、こうした戒を守ることを基本としながら、さまざまな修行の徳目を実修していくことになります。戒・定・慧の三学の定・慧は、そうした修行に含まれていきますので、それらはこの後の説明に委ねます。

もちろん大乗仏教の修行の道を見ていくのですが、ここで参考までに、説一切有部の修《しゅ》道《どう》論より、修行への準備の段階の様子を覗いておきたいと思います。仏教における修行への心構えの基本のようなものがそこにうかがわれるからです。

説一切有部における修道論は、次のように構成されるものです。

三賢《さんげん》（五停心《ごじょうしん》・別相念住《べっそうねんじゅう》・総相《そうそう》念住）
四善根（煖《なん》・頂・忍・世第一法）
見道（預流向《よるこう》）

修道（預流果・一来《いちらい》向・一来果・不還《ふげん》向・不還果・阿羅漢向）

無学道（阿羅漢果）

のみならず、さらにその準備段階の修行があるというのです。以下は、深浦正文の『倶舎学概論』によるものです。深浦正文は、この修行（三賢以降の修行）に入る前にまず身心を清浄にしなければならない、これを身器清浄と言い、これは身心遠離《しんじんおんり》・喜足少欲・四聖種《ししょう》の三浄因からなる、と言います。

初に身心遠離とは、身に悪友等と交際を絶って悪縁を離れる身遠離と、心に悪の思惟分別を絶って起こさぬ心遠離とを指す。この身心遠離は容易のように見えて、その実、甚だ困難であるから、それを成就し易からしめるために次の喜足少欲を要とする。喜足とは、すでに得たるところの衣服《えぶく》・飲食《おんじき》・臥具《がぐ》等に満足して足ることを知るをいい、少欲とは、未だ得ざるところの衣服等に対して大欲を起こさぬをいう。……この喜足少欲によって、次の四聖種に住することが出来る。四聖種とは、衣服喜足聖種・飲食喜足聖種・臥具喜足聖種および楽断《ぎょうだん》修聖種をいう。……楽断修聖種とは、煩悩を断じ聖道を修せんと楽《ねが》うに名づけたのである。これらは何れも無貪を体とし、……

要するに、行者はかかる三因によって身心を清浄にして、以て修道の器たるにふさわしからしめ、かくしていよいよ五停心（不浄観・慈悲観・縁起観・界分別観・持息念〈数息《すそく》観《かん》〉）等の過程を踏むわけである。（深浦正文『倶舎学概論』、百華苑、一九五一年、一九〇～一九一頁）

やはり、喜足少欲、つまり少欲知足の実践ということが、修行に入る一番根本にあるべきだとされているのです。

資糧位の修行――四種の勝れた縁の力

さて、大乗仏教の修行に戻りまして、五位の階位で言うと、最初は資糧位ですが、その階位では、まだ最初の段階なので、多く散乱する心のなかで修行していくことになります（深浦正文『唯識学研究』下巻、六七九頁参照）。その初め、四種の勝れた縁の力（勝縁力《しょうえんりき》）によって修行を進めていくことが指摘されています。

その勝縁力とは、因力・善友力《ぜんぬりき》・作意力《さいりき》・資糧力というもので、これらについてもう少し詳しく見ておくと、次のようになります。

まず因力とは、無始以来、本識中に依附《えふ》せる法爾《ほうに》の無漏種子《むろしゅうじ》（もとより存在する覚りの智慧の種子）たる本性住種姓《ほんしょうじゅうしゅしょう》と、法界等流《ほっかいとうる》（真理の世界から流れ出た）の正法《しょうぼう》（十二分教。あらゆる説法）を聞いて、その正聞熏習《しょうもんくんじゅう》により前の本性住種姓が増長された習所成《しゅうしょじょう》種姓《しゅしょう》をいう。これは、二乗等の種姓を簡《えら》ぶ（＝採らない）のである。

次に善友力とは、諸仏等の無量の善友智識に出会い仕える等をした因縁をいう。これは、悪友の違縁を簡ぶのである。

次に作意力とは、たとい悪友の違縁に逢うも、決定せる勝解（明確な了解）によって傾動破壊されないことをいう。これは、任運心（ふだん日常の心）を簡ぶのである。

次に資糧力とは、既に積集せる諸種の善根すなわち福智の功徳をいう。これは、下劣なる修行の功徳を簡ぶのである。

このように、これらの四種は、二乗の種姓と悪友の縁と任運心と下劣の資糧とに比べて、何れも勝れているので、そこで勝縁力とするのである。（同前、六七九〜六八〇頁参照。読みやすさのために、言葉を補ったり書き改めたところがある）

すなわち、大乗仏教の道を自覚的に選び取ることと、師や徳ある者と交わり導かれることと、大乗の道への信を心に確かめることと、すでに多少なりとも修行した功徳とによって、初心のぐらつきかねない心を励まし、前に進んでいくのだと言っています。

退屈の心をいかに克服していくか

あるいはまた、仏道修行のもっとも初心の段階で起きて来る「退屈」の心（仏道修行がいやになり、もう降りようと思う心）を、いかに克服していくかが問題となります。そこで、次のような、三種練磨心というものが必要であるとされています。

此の位には二の障を、未だ伏除せざるをもって勝行を修する時に三の退屈有りと雖も、而も能く三の事をもって其の心を練磨して、証し修する所に於て、勇猛《ゆみょう》にして退せず。

一には無上正等菩提は広大深遠《じんのん》なりと聞きて、心便ち退屈するときに、他の已に大菩提を証せる者を引きて、自心を練磨して勇猛にして退せず。

二には施等の波羅蜜多は甚だ修すべきこと難《かた》しと聞きて、心便ち退屈するときに、己れが意に能く施等を修せんと楽《ねが》うを省《あきら》めて、自心を練磨して勇猛にして退せず。

三には諸仏の円満の転依《てんね》は極めて証すべきこと難しと聞きて、心便ち退屈するときに、他の粗善を引きて己れが妙因に況《くら》べて、自心を練磨して勇猛にして退せず。斯の三の事に由って其の心を練磨して、堅固熾然《けんごしねん》にして諸の勝行を修す。（新導本『成唯識論』巻第九、八〜九頁）

このように、第一には、仏道を完成したのももとは人間、自分も人間、どうして自分にできないことがあろうか、と思ってさらに修行に取り組んでいきます。第二には、自分が何を望んでいたのか、その初心・本心を見究めて、さらに修行に取り組んでいきます。第三に、この世において本当に価値あるものは何であるかを見究めて、さらに仏道に取り組んでいきます。というわけで、同じ人間であること・本当の願いのありか・真に価値あるものが何か、をよく自己にうなずくことによって、困難な道も前に進めるというのです。

このような心の持ち方、鍛え方は、仏道以外の他のもろもろの道にも応用できると思われます。

六波羅蜜の豊かな中身

こうして修行を進めていくのですが、この最初の段階の資糧位の修行としては、六波羅蜜、四摂法、四無量心、三十七菩提分法などを修行して行くことになります。なかでも六波羅蜜はもっとも基本となるものでしょう。

六波羅蜜は、布施・持戒・忍辱・精進・禅定・智慧というものですが、『瑜伽師地論』や『摂大乗論』などには、それぞれが三つの内容によって説明されています。次の通りです。


布施の三種とは、一に法施《ほっせ》、二に財施、三に無畏施《むいせ》である。

持戒の三種とは、一に律儀戒、二に摂善法戒、三に饒益有情戒《にょうやくうじょうかい》である。

忍辱の三種とは、一に耐怨害忍《たいおんがいにん》、二に安受苦忍、三に諦察法忍《たいさつほうにん》である。

精進の三種とは、一に被甲精進《ひこうしょうじん》、二に加行《けぎょう》精進、三に無怯弱《むこにゃく》無退転無喜足精進である。

禅定（静慮《じょうりょ》）の三種とは、一に安住静慮、二に引発《いんぽつ》静慮、三に成所作事静慮である。

智慧の三種とは、一に無分別加行《けぎょう》慧、二に無分別慧、三に無分別後得《ごとく》慧である。

（『摂大乗論』「彼入因果分」玄奘訳、大正三一巻、一四五頁上。『解深密経』、大正一六巻、七〇五頁下。『瑜伽師地論』、大正三〇巻、七三一頁中。新導本『成唯識論』巻第九、二二一～二二三頁等参照）


まず、布施波羅蜜は、人に金品・財物をさしあげること（財施）もありますが、それだけでなく教えや知識を分かち合う（法施）ということもあります。さらにもっとも重要な布施は、無畏施、畏れなき心を人にもたらすことです。不安などで心が萎縮している人に寄り添い、その人の不安やおののきを取り除いてあげるように努力することが、布施のなかに含まれているのです。この実践こそ、今日の時代にもっとも求められていることではないでしょうか。

持戒波羅蜜は、悪をなさず、善につとめ、他者の饒益《にょうやく》を心がけることとされています。かの三聚浄戒のことであり、したがって、六波羅蜜と三聚浄戒とは、どうも入れ子構造になっているようです。この三聚浄戒の内容については、すでに見ておきましたが、もう一度、簡単に触れますと、なすべきでない悪は戒律に禁じられたことであり、なすべき善は諸の修行です。と同時に持戒とは、要は生活を慎んで仏道に専心できるようにすることでもあるので、少欲知足の生活の実践をも伴うことでしょう。さらにここには、他者への慈悲の実践が要請されており、部派仏教の戒律思想とのこの違いをよく理解すべきでしょう。

忍辱波羅蜜は、厳しい環境において修行に嫌気をおこさず地道に努めていくこと（安受苦忍）が第一だと思われるのですが、一方、他者の非難・中傷に耐えるということ（耐怨害忍）もその大きな眼目とされています。大乗仏教は発生当時、伝統的な仏教の一部から大いに誹謗・弾圧されたのであり、それを乗り越えてきた経験がここに反映されているのでしょう。

さらに修行のなかで悟りの眼を開いていくには、相当、困難な状況も現れてくるわけで、そのことにも耐えていくこと（諦察法忍）が求められています。

精進波羅蜜は、まず仏道を歩んでいくには、武士が鎧・兜を身につけて戦場に向かっていくように、固い覚悟を定めて取り組んでいかなければならない（被甲精進）、と言います。次に、ものごとが軌道に乗ってきたらますます努力していくこと（加行精進）が必要だと言います。さらに、奥の世界に入ってきてますます困難を極める場合にも、なお投げ出すことなく、ひるむことなく、さらにちょっとの成果に満足せずに、どこまでも努力を惜しまないこと（無怯弱無退転無喜足精進）が重要であるとあります。以上のことは仏道のみならず、さまざまな困難な道を歩んでいくうえで、大いに参考になるものと思われます。

禅定（静慮）波羅蜜は、心を統一していくことで、坐禅などの三昧行の修習のなかに実現するものです。たしかに、日頃散乱している心を統一して静思することは、良き智慧の源泉になるでしょう。禅定を修するとき、心が鎮まり、冴えてきて、かつ安楽を自覚すること（安住静慮）があります。また神通力を発起すること（引発静慮）もあります。神通力は、一般に神足通《じんそくつう》・天眼通《てんげんつう》・天耳通《てんにつう》・宿命通《しゅくみょうつう》・他心通・漏尽通《ろじんつう》の六神通がよく言われますが、一種の超能力のようなものです。坐禅（三昧）を深めると、たしかにそうした能力が現れてくるようです。ただしそれに囚われたり、ましてそれを売り物にして生活の手段とするなどは、邪道におちこむことになり、気をつけなければなりません。また、深い禅定のなかで、作《な》すべき所を成すことができるとあります。その具体的なこととして、疫病の流行を治めるとか、地震の発生を抑えるとかが挙げられています。

智慧波羅蜜では、ともかく無分別智（無分別慧）を実現することが中心になっています。それまでは、その実現に資するさまざまな観察行などの修習（無分別加行慧）が必要であり、無分別智を開いた後、十地の修行においてさらに無分別智を修習して断ちがたい煩悩（倶生起《くしょうき》の所知障）の種子を対治していくのですが、一方、無分別智を土台とした分別智（後得智）も起きますので、相手に応じた救済活動（善巧方便《ぜんぎょうほうべん》）にもいそしむことになります。なお、こうした智慧は、禅定を通して実現するものであります。

以上、六波羅蜜は、それぞれ単純ではない、豊かな内容を有するものなのでした。なお、この波羅蜜の意味については、前の「第八章　発菩提心について」（二三六〜二三七頁）をご覧ください。

資糧位の修行には、さらに三十七菩提分法というものもあります。その名目は、前に掲げておきました（二五五頁）。詳細は省きます。

以上、仏道修行の初歩の段階（資糧位）の修行のほんの基本について紹介しました。資糧位の修行は、十住・十行・十廻向のすべてにわたりますので、さらに多彩で豊かなものがあると思います。その一端については、深浦正文『唯識学研究』下巻の六八二〜六八六頁に説明されていますので、それをご参照ください。

加行位の修行——止観行という意識の自己反省

資糧位以降の修行の道筋について、ごく簡単に再掲しますと、次の通りです。

加行位＝十廻向の最終段階（唯識観等止観行）
通達位＝初地の入心（無分別智と後得智を実現）
修習位＝十地（十波羅蜜、六波羅蜜＋方便・願・力・智）
究竟位＝仏

このなかで、加行位においては、四尋思《しじんし》・四如実智《しにょじっち》という止観行を集中的に修します。ここで観察の対象は、名《みょう》（能詮。言葉。意味や対象を表すもの）と義（所詮。言葉によって表された対象）と、その自性《じしょう》（主語的に把握されたもの）、差別《しゃべつ》（述語を伴って、他との差異が把握されたもの）の四つであり、これらが下に出る所取の内容になります。要は言葉とその対象について、心を統一した境地（禅定・止）において観察（智慧・観）するのであり、したがっていわば意識の自己反省ということになります。

その止観行（唯識観）の様子は、次の通りです。

煖	明得定《みょうとくじょう》		所取の空を観ず	（下品尋思）
頂	明増定		所取の空をさらに深く観ず	（上品尋思）
忍	印順定	下忍	所取の空を印す	
		中忍	能取の空を観ず	（下品如実智）
		上忍	能取の空を印す	
世第一法	無間定《むけんじょう》		所取・能取の二空を同時に印す	（上品如実智）

まず、名も義（名の対象）も、またそれらのそのもの（自性）もそれが限定されたもの（差別）も、すべて意識のなかで捉えられたものであり、意識の影像上のものであって、実在するものではない、と観察します。リンゴは、意識において捉えられたものに過ぎず、それは実体としてはありえないはずです。このことを深く観察し、了解すると、今度はそう

いう対象に見合う主観として想定されたもの（実体として想定された主観）もありえないことを観察します。対象（所取）がなければ、主観（能取）もあるはずがありません。こうして、このことも深く観察し、了解します。最終的には、対象（所取）も主観（能取）もともにないことを同時に了解します。

我々は常に何らか、主観・客観が分裂していて、対象を分別するなかでものごとを了解していますが、この止観行では、その主客分裂のなかにある虚妄性を暴いていって、主客分裂以前の地平に押し込まれることになります。そうなると、無分別智に到達すると言うのです。

通達位——無分別智という智慧

この止観行を経て、初めて悟りの智慧すなわち無分別智が発起した時が、通達位、すなわち見道になります。この無分別智が実現しますと、ただちにそれを基にした分析的な智慧、後得智も生まれます。

無分別智は真如をじかに体証する智慧です。この智はまずは十地の初地において、意識と末那識において現成するのです。その様子は、『唯識三十頌』および『成唯識論』に、次のように描かれています。私なりの現代語訳にしてみます。

次の通達の位の、その様子はどのようか。頌に次のように言っている。もしその時に、対象（諸縁）において智はまったく得るものが無くなってしまうとすると、その時に唯識（の本性）に住するのである。主観・客観（能取・所取の二取）の相を離れているからである。

論（『成唯識論』）にこれを解説して言うには、もし時に修行者の菩薩が、対象（所縁）の境において、無分別智が実現して、種種の分別・戯論《けろん》（迷いの認識）の相を取らないので、まったく対象的に得るものが無くなってしまったとしよう。その時にまさに実に唯識の究極の本性（真勝義性）に住すと名づけるのである。すなわち真如を証する智と真如と、平等平等にして、智も真如もともに能取と所取との相を離れているからである。主観・客観（能取・所取の二取）の相はともに分別に基づくものである。対象的認識がある（有所得）の心のみに、戯論は現ずるからである。（新導本『成唯識論』巻第九、一三頁）

加行位の最終段階に、直後（無間）にこの智が生ずる時に、真如に体会《たいえ》する。ここを通達位と名づける。初めて理を照らすが故に、また見道と名づける。（同前、一四頁）

このように、対象的に捉えたものが何もなくなった時に、無分別智は実現します。それは主客（能取・所取）対立のあり方を離れ、智と真如とは平等平等であって、その智は真如を「体会」すると説かれています。ふつうの対象的認識とはまったく異なるしかたで、体証されるのです。

修習位――悟り後の修行の十の段階

通達位＝見道に入りますと、その後、修習位＝修道に進みます。ここでは、十地の修行がなされていきます。十地とは以下のような、いわば悟り後の修行の十の段階です（新導本『成唯識論』、巻第九、二一～二二頁）。

極喜地《ごっきじ》・離垢地《りくじ》・発光地・焔慧地《えんねじ》・極難勝地《なんしょうじ》・現前地《げんぜんじ》・遠行地《おんぎょうじ》・不動地・善慧地《ぜんねじ》・法《ほう》雲地《うんじ》

＊なお、共の十地と言われる、乾慧地《けんねじ》・性地（以上、凡夫地）・八人地・見地・薄地・離欲地・已作地（以上、声聞地）・辟支仏地《びゃくしぶつじ》・菩薩地・仏地というものがありますが、それとは異なります。そこで、右の十地を、不共《ふぐう》の十地と呼びます（平川彰『インド仏教史』上巻、春秋

社、一九七四年、三九一頁参照)。

この十地では、十波羅蜜(六波羅蜜と方便・願・力・智)の修行が説かれます。そのことにより、十重障を断ち、十真如を証することになります。それらの対応関係を図にしたものを、深浦正文『唯識学研究』下巻(七〇七頁)に借りて、掲げておきましょう。

各地	所修	所断	所証
極喜地	布施	異生性障	遍行真如
離垢地	持戒	邪行障	最勝真如
発光地	忍辱	闇鈍障	勝流真如
焰慧地	精進	微細煩悩現行障	無摂受真如
極難勝地	禅定(静慮)	於下乗般涅槃障	類無別真如
現前地	智慧(般若)	粗相現行障	無染浄真如
遠行地	方便善巧	細相現行障	法無別真如
不動地	願	無相中作加行障	不増減真如
善慧地	力	利他中不欲行障	智自在所依真如

法雲地	智	於諸法中未得自在障	業自在等所依真如

なお、修習位における修行の核心は、無分別智をしばしば修習することにあります。これによって、断ちがたい（倶生起の。先天的な）所知障を断っていって（煩悩障については、いわば放置しておいて、仏地に上がる直前に断じます）、最終的に四智を実現し、仏に成っていきます。妙観察智と平等性智は十地の初地において一部、実現しますが、成所作智と大円鏡智とは、仏に成って初めて実現するのです。

この十地の修行は、初発心から見道（通達位）までの修行の時間（一大阿僧祇劫）の、さらに二倍（二大阿僧祇劫）の時間をかけて行っていくのです。

こうして、最後に、究竟位に達します。ここを無学道とも言います。修行が完成した位で、もう学ぶべきものが何もなくなったところ、すなわち仏と成ったところです。その仏の内容は、すでに「第七章　仏と成るとは」において説明しておきました。

宗派によって異なる修行の時間

以上、主に唯識説の修道論から、仏道修行のありようについて説明しました。この修行、初発心から仏に成るまでの修行の時間として、じつに三大阿僧祇劫という果てしなく長い時間がかかるとされています。一大阿僧祇劫を三つ重ねた時間ということです。この一大阿僧祇劫とは、一説に、八百里立方の岩を、天の時間で三年に一度、天人が着ている柔らかな衣で撫でて摩滅する時間だと言います。唯識思想では、どんな人でも初発心から成仏まで、三大阿僧祇劫の時間を要する、と説いています。これは、如来蔵思想を説く『大乗起信論』でも同じで、やはり初発菩提心から仏になるまでに、三大阿僧祇劫の時間の修行を要する、と言っています。

ただし宗派によっては、もっと早い時間で修行は完成すると説くところもあります。たとえば華厳宗では、「初発心時、便成正覚」を唱えるわけですが、別に「三生成仏《さんしょうじょうぶつ》」の説を示しています。それは、「見聞生《けんもんしょう》・解行生《げぎょうしょう》・証果海生《しょうかかいしょう》」の三生で成仏しうるというもので、ある生において華厳の法門にふれ見聞しておくと、その教えが修行への意欲を心に植え付けることになり、次の世には修行を行って一生のうちに修行を完成し、次の世には成仏を果たす、と言うのです。この見方は、唯識説の見方と比べて、ほとんど対極にあるものです。

これをさらに一歩進めたものが、密教で説く「即身成仏」の仏道でしょう。密教では、この世のうちに、父母にいただいたこの身において、修行を完成し成仏すると主張するのです。

参考までに、大乗仏教の仏道においては、仏と成ることが目標なのですが、修行の道中において、ここまで来れば、もう下の位に退転することはなく、必ず最終的に成仏することが約束されるという階位があることも説かれています。それを不退《ふたい》の位と言います。ですから、この不退の位に入れば、いまだ仏と成らなくても、いずれ仏と成ることは確定していますので、もう安心ということにもなります。それは一つの大きな救いです。

では、五十二位などのなかで、どこに不退の位を見ているのかというと、唯識説では、見道（通達位）に入ったところに見るという説になっています。これを「証不退」と言います。さらに、十地の八地に至って不退に入るという説もあります。これは、「行不退」と言います。これはずいぶん高位に設定されたものです。

一方、『大乗起信論』では、十住の初住にはいったときに、もはや不退を実現すると説いています。これは、『華厳経』の「初発心時、便成正覚」という説、信満成仏の思想とも連動しているのでしょう。これを「信不退」と言います。このように、仏道修行の見方も、仏教各宗によって、さまざまなのが実情です。

以上、本章では初発心以降の仏道修行のあり方について、その概要のみ紹介しました。

第十章　自力と他力

自力か他力か

一般に仏教という宗教においては、人びとは自分で修行して、その修行を完成し、究極の目的地に達して、救いを得るものと考えられていることでしょう。大乗仏教においても、基本的にはそのように考えられているかと思われます。

しかし大乗仏教においては、三世《さんぜ》十方《じっぽう》多《た》仏説《ぶっせつ》（過去・未来・現在の三世の、東西南北四維上下の十方、要は全時間・空間に多数の仏が存在するという説）が唱えられており、すでに過去に仏になった者も多数いると考えられています。そうした仏らは、我々衆生を救済すべく、常に我々に対してはたらきかけているものと考えられます。したがって、大乗仏教における修行は終始、諸仏あるいはそのなかの代表的な一仏によって支えられ、導かれて完成することになるでしょう。とすれば、大乗仏教は根本的に他力の宗教である、と言うべき側面が多分にあるということになります。

大乗仏教の仏道のプロセス

まず、大乗仏教における修行の過程（プロセス）を考えてみましょう。その仏道は、たとえば、「教－信－行－証」と表されています。これは、仏の説法である経典を読んで、その内容に対する理解を深め、信心を確立し、そのうえで修行を果たして、悟りに到る、すなわち仏になる、ということです。そのように、我々は仏の言葉に出会い、仏の言葉を授かることによって、仏への道を歩んでいくことができるのであり、したがってそのきっかけは仏の側からのはたらきかけによるものにほかなりません。

このプロセスをまた別の言い方では、「聞《もん》・思《し》・修《しゅ》」という場合もあります。仏の言葉を聞いてそれをよく考え、吟味・検討して、修行に入っていきます。そうすれば悟りの智慧を完成することができるというわけです。唯識説においては、ここで仏の説法を聞くことが、阿頼耶識に熏習されていって、心の深層の変化をもたらし、悟りの智慧の種子（無漏種子）が開発され、やがてそれが実現すると説いています。仏の説法を聞くことが、阿頼耶識に熏習されていくことを、「正聞熏習《しょうもんくんじゅう》」といいます。この「正聞熏習」によって、清浄な（善の）種子が増えていき、逆に無明・煩悩に基づいて熏習され汚染された（悪の）種子が減っていきます。そしてその影響を受けて、ついに、悟りの智慧の種子（無漏種子）が発現し、智慧を実現するのです。

その仏の説法は、そのさまざまなスタイルを十二種類によって網羅した十二分教（修多羅 sūtra 契経または経、祇夜 geya 応頌または重頌、和伽羅那 vyākaraṇa 授記、伽陀 gāthā 諷頌または孤起頌、優陀那 udāna 自説、尼陀那 nidāna 因縁、阿波陀那 avadāna 譬喩、伊帝目多伽

itivṛttaka 本事、闍多伽 jātaka 本生譚、毘仏略 vaipulya 方広、阿浮陀達磨 adbhuta-dharma 未曽有法、優婆提舎 upadeśa 論議）としてまとめられているのですが、それらは「法界等流《ほっかいとうる》」、すなわち真理の世界からその真理を帯びて流れ出したものだ、との見方も提示されています。その聖なる言葉（経論）によって、我々は自己のありかと使命を教えられ、仏道を歩もうと思い立ちます。このことは、我々の仏道修行は、じつに真理の世界からの催しによるものである、ということを意味していることになるわけです。

六波羅蜜の意味——悟りの智慧

さて、大乗仏教の修行には、前にも見たように多種多彩なものが用意されているわけですが、そのなかでもっとも基本的なものは六波羅蜜でしょう。波羅蜜多、pāramitā は、古来、一義的に訳すのが困難な言葉として、漢語に翻訳（意訳）されずに、音写によって伝えられてきています。というのも、波羅蜜多には、二つの意味があるのです。一つは、最も勝れたもの（「最勝」）であるということ。もう一つは、彼岸に行くもの（「到彼岸」）であるということです。前者は、大乗仏教のそれらの修行は、小乗仏教のそれらの修行に比べて、はるかに勝れているものであることを意味します。後者は、この修行が彼岸に到達させるものであることを意味すると考えられているでしょう。

しかし日本の禅宗の一つ、曹洞宗の宗祖（高祖）である道元は、前にもふれたように（二三六頁）、『正法眼蔵《しょうぼうげんぞう》』「仏教」の巻において、この波羅蜜多（波羅蜜）の語の意味を取り上げ、次のように説きました。

波羅蜜といふは、彼岸到なり。彼岸は去来《こらい》の相貌蹤跡《しょうせき》にあらざれども、到は現成《げんじょう》するなり、到は公案なり。修行の、彼岸へいたるべしとおもふことなかれ。これ彼岸に修行あるがゆえに、修行すれば彼岸到なり。この修行、かならず偏界現成の力量を具足するがゆえに。（『道元禅師全集』第一巻、春秋社、一九九一年、三八七頁）

この「修行すれば彼岸到なり」の説示は、修行において、彼岸すなわち覚りの世界がどこかにあってそこにやってくるわけではありませんが、まさに現前していることを述べたものです。そこで、修行して彼岸に行くことと考えてはならないと言っています。「彼岸に修行あるがゆえに」には、覚りの世界は常にはたらいていて止まないものであること（本証の妙修）を見ることができます。ともあれ、波羅蜜とは、そこにおいてすでに覚りが実現しているような修行のことだと言うのです。

また、空海は、『般若心経秘鍵《ひけん》』のなかで、その『般若心経』の題目を『仏説摩訶般若波羅蜜多心経』と示し、その中の波羅蜜の意味は、「なすべきことがすでになされたこと（所作已弁《しょさいべん》）に就いて号と為《な》す」と言っています。

この「所作已弁」について、福田亮成《ふくだりょうせい》は、「為すべきことがすでに完成してしまった、すなわち彼岸にいたりおわったということ」と示しています（『現代語訳　般若心経秘鍵』、ノンブル、二〇〇一年、九一頁）。

このように六波羅蜜の波羅蜜、特にその「到彼岸」の意味とは、その修行のなかに悟りの智慧が実現しているような修行（彼岸到）を意味するのであり、その修行は、仏に支えられ、運ばれて、成就するものと言い換えることができるでしょう。つまり、自分で修行していても、じつはそれを超える悟りの智慧によって運ばれているということです。

なお、自分なりに共鳴しうる仏道というものがうなずけたとき（信が決定したとき）、初めて菩提心を発することができます。それは、一つの世界観・人間観のなかで、自己の意味を深く了解したということであり、そこにすでに自己とは何か、自己のありかを見出したということです。とすれば、すでにここに、自己の宗教的問題（実存的苦悩）の解決、大安心の成就があります。

自分で自分を開くことができない存在——如来蔵思想

ところで、大乗仏教には、如来蔵思想の流れもあります。如来蔵思想とは、一切衆生は如来の胎児（如来になる因となるもの）を有している、ということを謳う思想です。このことは、誰もが仏に成ることができるということを物語るものでもあります。このことを、『涅槃経』は、「一切の衆生は悉く仏性を有つ」（一切衆生、悉有仏性《しつうぶっしょう》）と言いました。仏性(buddhadhātu)は、仏に成る因のことです。

この如来蔵思想の最初の説（淵源）は、『華厳経』「性起品《しょうきぼん》」の次の一節であると考えられています。現代語訳してみます。

> 仏の子よ、如来の智慧、すなわち対象的認識を超えた（無相《むそう》の）智慧、一切を自在に知る（無礙《むげ》の）智慧は、すべてそっくり衆生の身の中にある。しかし愚癡《ぐち》（無明）を有する衆生は、真実をさかさまに見る妄想（顛倒想《てんどうそう》）に覆われていて、その身中にある如来の智慧を、知ることもなく、見ることもなく、信心も生ぜずにいる。その時、如来は障礙無き天眼をもって一切の衆生を観察した。そして観察しおわって、次のように言った。「奇なるかな、奇なるかな、どうして如来が具足している智慧が、そっくり衆生の身中にあるにもかかわらず、それを知見しえないでいるのだろうか。私はまさに彼の衆生をして、聖なる悟り（聖道《しょうどう》）を覚らせ、ことごとく完全に妄想顛倒の迷

いの拘束（垢縛《くばく》）から離れさせ、つぶさに如来の智慧がその身内にあるを見せしめ、仏と同じ境涯に到達させよう」と。このことを見おわって、如来はすぐに、彼の衆生をして八聖道を教えて修行させ、虚妄顚倒を捨離させる。（衆生は）顚倒を離れおわるに、如来智をそなえ、如来と等しく衆生を利益する活動にいそしむのである。（『華厳経』「性起品」、大正九巻、六二四頁上）

ここには、たしかに衆生が如来の智慧をそっくり有していること（如来蔵）を明かすと同時に、衆生はそのことに気づかず、自分でその智慧を開発することができない様子、およびそのことを憐れんで仏が衆生に修行の道を教え、仏にならせることが描かれています。すなわち、衆生が如来の智慧を有していること以上に、仏の衆生に対する大悲の心こそが、主題になっているのです。我々はこのことを深く思うべきです。如来蔵思想とは、衆生が如来の胎児を持っていることだけでなく、衆生はそのことに気づき得ず、自分で自分を開くことができないでいる存在であること、如来こそが衆生にはたらきかけてその衆生を仏にならしめることを訴える思想なのです。

如来の巧みなはたらきかけ――『如来蔵経』の主題

このことは、如来蔵について説く経典として制作された『如来蔵経』に、正しく受け継がれています。『如来蔵経』ではこのことが、九つの譬喩によって明かされています。その九つの譬喩とは、次の通りです。

①枯れ萎んだ蓮華のなかの如来
②蜜蜂の群れに守られた蜂の巣のなかの蜜
③固い皮殻に包まれた穀物
④ゴミ捨て場に落ちた金塊
⑤貧家の地下の大宝蔵
⑥樹木の種子
⑦ぼろ布に包まれた仏像
⑧転輪聖王の子を懐胎した身寄りのない女性
⑨鋳型のなかの金仏

このなかで、たとえば「②蜜蜂の群れに守られた蜂の巣のなかの蜜」の譬喩は、「蜂蜜を得たい者が、真っ黒に群がる蜜蜂を巧みに払って巣から蜜を取り出すように、仏は善巧方便によって我々の煩悩にまつわりつかれた仏の本質すなわち如来の智を取り出す」ということを意味しています。また、「③固い皮殻に包まれた穀物」の譬喩は、「我々の大切な食物である穀物は、固い外皮に覆われており、それを取り除いてこそ食用に供せる。そのように如来は我々の煩悩の皮殻を取り除いて、なかにある如来の本質を取り出し用に立つようにしてくれる」ということを意味しています。

このように、九つの譬喩のすべては、如来の巧みなはたらきかけこそを主題としたものなのです。すなわち、如来の大悲によってこそ、我々は仏と成ることができるのです。

『法華経』の一乗思想の真意

さらに、この『華厳経』「性起品」の思想をまっすぐ受け継いでいるものが、『法華経』であると私は考えています。一般に『法華経』の主題は、「一乗思想・久遠実成の釈迦牟尼仏・菩薩の使命」の三つと言われています。一乗思想とは、小乗仏教の修行者である声聞も縁覚も、やがては大乗仏教に入ってきて、仏と成ることができるというものです。その背景には、『涅槃経』に説かれる、かの「一切衆生、悉有仏性」の思想があると思われます。すなわち、如来蔵思想です。

この『法華経』において、たとえば「譬喩品」では、父親が、火事になった家で遊んでいる子供たちに向かって、羊車《ようしゃ》・鹿車《ろくしゃ》・牛車《ごしゃ》の三車が門の外にあるぞと呼びかけて火事の家を脱出させ、その後、子供らのみんなに等しく一大白牛車《いちだいびゃくごしゃ》を授けたという物語が説かれています。そこで父親は仏、羊車・鹿車・牛車は、声聞乗《しょうもんじょう》・縁覚乗《えんがくじょう》・菩薩乗《ぼさつじょう》を意味し、一大白牛車は『法華経』の大乗仏教最高の教えを意味しています。ここに声聞であれ縁覚であれ、一切の衆生は、やがて仏に成ることが示されているわけです。

ただしこの物語に関して、「譬喩品」には次のような、この譬喩のいわば絵解きが説かれています。その初めに、如来は「一切世間の父」である存在だと示されます。また如来は修行を完成して、たいへんな能力を実現したのであり、「大慈大悲があって、常に怠けたり飽きたりすること(解倦《けけん》)無く、一切衆生を利益する活動してやまない」と明かされます。こうして、如来(仏)がこの苦難に満ちた三界(欲界・色界・無色界。迷いの世界)に現れたのは、「衆生の生・老・病・死・憂・悲・苦・悩・愚痴・暗蔽《あんぺい》・三毒の火を度し、教化して、阿耨多羅三藐三菩提を得せしめんがためなり」と説かれます(岩波文庫『法華経』上、一七〇頁)。衆生の苦しみは、ひとえに、無上なる正しい覚り(阿耨多羅三藐三菩提)、すなわち如来の智慧を実現してこそ、解消するということでもあるでしょう。

このあと、次のように、われわれ衆生のありさまが描かれていきます。

諸の衆生を見るに、生・老・病・死・憂・悲・苦・悩のために焼煮《しょうしゃ》せられ、また、五欲・財利をもっての故に、種種の苦を受く。また、貪著《とんじゃく》し追求《ついぐ》するをもっての故に、現（現世）には衆《もろもろ》の苦を受け、後（来世）には地獄・畜生・餓鬼の苦を受く。若し（いずれの世であれ）天上に生れ、及び人間に在れば、貧窮《びんぐ》困苦・愛別離苦・怨憎会《おんぞうえ》苦《く》、かくの如き等の種種の諸の苦あり。衆生は、その中に没在《もつざい》して、歓喜し遊戯《ゆげ》して、覚えず、知らず、驚かず、怖れず、また、厭うことを生《な》さず、解脱を求めず、この三界の火宅において、東西に馳走して大苦に遭うと雖も、もって患《うれい》となさざるなり。舎利弗よ、仏は、これを見已《おわ》りて、便ちこの念を作《な》せり、「われは、衆生の父なれば、応《まさ》にその苦難を抜き、無量無辺の仏の智慧の楽を与え、それに遊戯せしむべし」と。……（同前、一七二頁）

このように、我々衆生は、この人間世界の苦しみのなかにどっぷり浸かっていて、しかもそのことに気づき得ないでいることが指摘されています。そこで仏はその苦難を除き、仏の智慧の楽しみを与えるのだと言っています。これはまさしく『華厳経』「性起品」のかの一節に説かれたことと同じことを説いたものでしょう。

久遠実成――『法華経』のもう一つの主題

また、同じ『法華経』の「信解品」では、「長者窮子《ちょうじゃぐうじ》の譬喩」が語られています。長者の父が、一人家出してしまった息子を見つけて、豪勢な邸宅におじけづかないよう、便所掃除をさせるなどして、その家に慣らさせます。そのために自分も粗末な身なりなどして息子にそっと近づいたり、次第に家事を手伝わせたりしていくのです。そうして、最後には自分の財産をすべて受け継がせたという物語が語られています。もちろん、父は仏、窮子は我々衆生を意味します。仏は、時に自らの立派なあり方を否定してまで、さまざまな工夫をして、忍耐強く時間をかけて我が子である衆生を導き、ついには仏に成らしめる、というのです。

そのなかでは、次のようなことが説かれています。息子がおじけづかないよう「二人の形色《ぎょうしき》、憔悴《しょうすい》して、威徳なき者を遣わし」、その息子に対し、便所掃除の仕事がある、賃金はふつうの倍は出そう、自分たちも一緒にその仕事をするから、と話すよう命じます。その方策（方便）がうまく行って、息子はその豪邸で便所掃除の仕事を始めることになります。その後のこととして、経典には、次のようにあります。

その父は子を見て、愍《あわれ》みて、これを怪しむ。また、他日をもって、窓牖《まど》の中より遥かに子の身を見れば、羸瘦《つかれやせ》、憔悴《やつれ》て、糞土・塵坌《ちり》にて汙穢《けが》され不浄なり。即ち瓔珞《ようらく》と細軟《なよらか》なる上服と厳飾《ごんじき》の具とを脱ぎて、更に麤弊《やぶれ》垢膩《あかじみ》たる衣を著《き》、塵土に身を坌《けが》し、右手に除糞の器を執持して、畏るる所有るに状《かた》どりて、諸の作人《さにん》に語る「汝等よ、勤作《ごんさ》して懈息《けそく》することを得ること勿れ」と。方便をもっての故に、その子に近づくことを得たり。(「信解品」、同前、二三三〜二三四頁)

長者は上等な服を脱ぎ、おそらくは豪華なアクセサリーも外して、みすぼらしい服をまとって、息子に近づくのでした。ここには、仏が自らを否定してまで、我々に寄り添ってくださる姿が説かれています。そこまでも仏は慈悲深い存在なのです。

そのような長者のはからいによって、最終的には息子が父・長者の全財産を受け継ぐことになるのですが、その経緯に関して、経典には、「この故に、われ等は、本、心に悕《ねが》い求むる所有ること無かりしも、今、法王の大宝が自然《じねん》にして至り、仏子の応《まさ》に得べき所の如きものは、皆已《すで》に、これを得たり、と説くなり」(「信解品」、同前、二四二頁)とあります。じつに、衆生の側では願い求めるところが無かったにもかかわらず、仏の覚りの智慧の世界を、自然に、得ることができたとあります。この『法華経』の法門は、まさに他力の教えに他ならないでしょう。また、じつに親鸞の「自然法爾《じねんほうに》」の思想(我々衆生は、仏の本願によって、仏にならしめられることは、もとより定まっているという思想）に通じています。

この背景には、『法華経』のもう一つの主題、久遠の昔に実に成仏を果たしたという、久遠実成の釈迦牟尼仏の本質があるのだと私は思います。久遠実成の釈迦牟尼仏を説く「如来寿量品」には、次のようにあります。

諸の衆生には、種種の性《しょう》、種種の欲、種種の行、種種の憶想《おもい》・分別あるをもっての故に、諸の善根を生ぜしめんと欲して、若干《そこばく》の因縁・譬喩・言辞《ごんじ》をもって、種種に法を説きて、作すべき所の仏事を未だ曽て暫らくも廃せざるなり。かくの如く、われは、成仏してより已来《このかた》、甚《はなは》だ大久遠なり。寿命は無量阿僧祇劫にして、常に住して滅せざるなり。（岩波文庫『法華経』下、一八～二〇頁）

このように仏は、久遠の昔に成仏してより以来、常に衆生にはたらきかけていて、相手に応じていわば十二分教を駆使して導き、「未だ曽て暫らくも廃」することがないというのです。このはたらきかけを受けてこそ、我々は仏の智慧を実現し、自利利他円満の存在となり、ゆえに他者を救済する主体となっていくことができるのでした。

自力の中の他力

以上のように『華厳経』「性起品」、『如来蔵経』、『法華経』「譬喩品」、「信解品」などにおいては、一貫して、衆生は如来の智慧を有していること、しかし衆生は自分で自分を開発し、仏と成ることはできないこと、仏の側で衆生にはたらきかけ、衆生を導き、仏に成らしめることが説かれていることを見ることができます。大乗仏教の自力聖道門に属すると考えられる『華厳経』や『法華経』の主題も、じつはこのことにあったのです。すなわち、大乗仏教は根本的に、他力の法門なのです。

この主題の核心を汲みだし、純粋に語るものが、『無量寿経』などの浄土三部経ということになるでしょう。

仏教は縁起ということを根本原理に置いています。縁起とは、因に縁が加わって、果があるという見方でした。単なる因果のみの関係をいうものでなく、縁があってこそ果があるという思想です。このことは、我々が仏と成るということにおいても例外ではありません。たとえば『大乗起信論』では、次のようなことが説かれています。

木（可燃性）＋火→燃焼

これは、因＋縁→果ということを意味しているわけです。すなわち、内なる因があっても、それだけでは、果は結ばれない。それに外からの縁が加わることによって、果が実現します。とすれば、仏道上、どんな道でも、他力（縁）は不可欠であるということになります。ここにおいて、因の力よりも縁の力を最大限、有効であると評価するのが如来蔵思想であり、ひいては浄土教、要は大乗仏教なのだと思うのです。

以上、大乗仏教における如来の大悲の様相について、いくつかの例を見て来ました。以上によれば、たとえ自力聖道門の仏道といえども、他力無しに成就するものではあり得ず、また衆生は無明・煩悩に覆われているという実態からすれば、そもそも自力ということも元来、不可能なことでありましょう。仏道修行は、仏の側で用意され、仏の加護と導きにおいて進められていくものであるのが、その真実なのです。

西田幾多郎の「宗教の極意」

そのことと関連して、西田幾多郎は「場所的論理と宗教的世界観」のなかで、宗教について次のように言っています。

矛盾的自己同一的に、かく自己が自己の根源に徹することが、宗教的入信である、廻心である。しかしてそれは対象論理的に考えられた対象的自己の立場からは不可能であって、絶対者そのものの自己限定として神の力と言わざるを得ない。信仰は恩寵《おんちょう》である。我々の自己の根源に、かかる神の呼声があるのである。（『西田幾多郎全集』〔旧版〕第十一巻、岩波書店、四二一～四二二頁）

いかなる宗教にも、自己否定的努力を要せないものはない。いったん真に宗教的意識に目覚めたものは、何人も頭燃を救《はら》うが如くでなければならない。ただ、その努力はいかなる立場に於て、いかなる方向に於てかである。神とか仏とかいうものを対象的にどこまでも達することのできない理想地に置いて、これによって自己が否定即肯定的に努力するというのでは、典型的な自力である。それは宗教というものではない。そこには全然親鸞聖人の横超というものはない。最も非真宗的である。（同前、四一一～四一二頁）

このように、宗教の世界では、自己の根源に絶対者そのものの呼び声を聞いて、その声に順じるところに、道が開けます。ですから、修行というものも、仏の呼び声に順《したが》い行く道と言うべきでしょう。「神とか仏とかいうものを対象的にどこまでも達することのできない理想地に置いて、これによって自己が否定即肯定的に努力するというのでは、典型的な自力である。それは宗教というものではない」ともあります。外に仏の像を描いて、そこへ向かっていくのは「対応」であり、西田は宗教の極意は「逆対応」であると言います。それは、今・ここで、どうにもならない自己が仏に抱きとられているということに気づかされて、その場において直ちに安心に到る道と言えるでしょう。

自力を放下していく道――道元

また、たとえば道元は、仏道修行の本質について、次のように示しています。

> 仏道をならふといふは、自己をならふなり。自己をならふといふは、自己をわするるなり。自己をわするるといふは、万法に証せらるるなり。万法に証せらるるといふは、自己の身心および他己の身心をして脱落せしむるなり。悟迹《ごしゃく》の休歇《きゅうかつ》なるあり、休歇なる悟迹を長長出《ちょうちょうしゅつ》ならしむ。（『正法眼蔵』「現成公案」、『道元禅師全集』第一巻、三頁）

仏道修行においては、自分で自分をどうこうしていこうとするのではなく、むしろ自己を忘れ、世界の側から自己が照らされ、自己を脱落し、他己をも脱落して（自他の区別をいったん脱して、そこから）、本来のいのち（自己）を実現していくことなのだと示されています。そのような道元の立場からは、ほとんど他力そのものの道が説かれることにもなります。

この生死は、即ち仏の御《おん》いのちなり。これをいとひすてんとすれば、すなはち仏の御いのちをうしなはんとするなり。これにとどまりて、生死に著《じゃく》すれば、これも、仏のいのちを、うしなふなり、仏のありさまを、とどむるなり。いとふことなく、したふことなき、このとき、はじめて仏のこころにいる。
ただし、心を以て、はかることなかれ、ことばをもつて、いふことなかれ。ただ、わが身をも心をもはなちわすれて、仏のいへになげいれて、仏のかたよりおこなはれて、これにしたがひもてゆくとき、ちからをもいれず、こころをもつひやさずして、生死をはなれ、仏となる。たれの人か、こころにとどこほるべき。（『正法眼蔵』「生死」、『道元禅師全集』第二巻、春秋社、一九九三年、五二九頁）

まず、この迷いの人生も、仏の御いのちそのものにほかならないと提示しています。しかしこのいのちは仏そのものだととらえ、そこに執着すると、かえって仏のいのちを失います。このいのちを、「いとふ（厭う）ことなく、したふ（慕う）ことなき」とき、仏のこころにかなうと言います。したがって、いかなる意味でも自己に対象的に関わるありかたを手放すことが求められます。

こうして、禅においても、その極意は、「仏のいへになげいれて、仏のかたよりおこなはれて、これにしたがひもてゆくとき」にあったのです。そもそも坐禅にしても念仏にしても、その修行とはすべていかに自力を放下《ほうげ》していくかを実践する道と言えるでしょう。

盤珪の不生の救い

道元は曹洞宗ですが、臨済宗の盤珪《ばんけい》の説くところは、今の道元の説と変わるものではないと私は思います。たとえば盤珪は、次のように説いています。

禅師、衆に示して曰く、皆、親のうみ附けてたもったは、仏心ひとつでござる。余のものはひとつもうみ附けはしませぬ。その親のうみ附けてたもった仏心は不生にして、霊明なものに極まりました。不生な仏心、仏心は不生にして霊明なものでござって、不生で一切事がととのいまするわいの。その不生でととのいまする不生の証拠は、皆の衆がこちらむいて、身どもがこういうことを聞いてござるうちに、うしろにて烏の声、雀のこえ、それぞれの声を聞こうと、おもう念を生ぜずにおるに、烏のこえ雀の声が通じわかれて、聞き違わずにきこゆるは、不生で聞くというものでござるわいの。そのごとくにみな一切事が、不生でととのいまする。これが不生の証拠でござるわいの。その不生にして霊明な仏心に、極まったと決定して、直《じき》に不生の仏心のままでいる人は、今日より未来永劫《ようごう》の、活如来《いきにょらい》でござるわいの。今日より仏心でおるゆえに、我が宗を仏心宗といいますわいの。（鈴木大拙編校『盤珪禅師語録』、岩波文庫、三三～三四頁）

意識せずともおのずから見分け聞き分けている心のはたらきに、霊明なる仏心を見ているようです。その仏心のままでいれば、なんと「活如来」であるといいます。自分で何かを、あるいは自分自身を、あれこれはからう以前に息づいているいのちが、不生と呼ぶべき世界です。自分で自分をどうこうしようとする思いをすっかり手放した時、かえって本来の自己に生きることができるのです。そこに、一切の事が調う根本を見出しているのです。あとは、このことのさまざまな表現にほかなりません。

みなが仏になろうと思うて精を出す。それ故、眠れば、しかりつ、たたいつするが、それはあやまり。仏になろうとしようより、みな人々、親の産み附けたは、余のものは産み附けはせぬ、只だ不生の仏心一つばかり産み附けた所で、常にその不生の仏心でおれば、寝りゃ仏心で寝、起きりゃ仏心で起きて、平生活仏でござって、早晩《いつ》仏でおらぬという事はない。常が仏なれば、このほかまた別になる仏というてありゃせぬ。仏になろうとしようより、仏でおるが造作にのうて、ちかみちでござるわいの。（同前、九〇〜九一頁）

この最後に、「仏になろうとしようより、仏でおるが造作にのうて、ちかみちでござるわいの」とあるのは、じつに仏道上の至言であります。

救済から仏道へ

一方、特に親鸞の真宗における絶対他力の思想は、自力無功（無効）を高唱するものとして、宗教的にきわめて深いものがあることは事実だと思います。ただし、親鸞自身、「往き易くして（真に往く）人はいない」（易《い》往《おう》無《む》人《にん》）の道と言っているように、その信心に徹底することは案外、たいへんむずかしいことであるのが実情でしょう。

それはともかく、熱心な聞法を経て阿弥陀仏の本願に信決定できたとき、その人はどのような道を歩んでいくことになるのでしょうか。

ここで私は、道元の次の言葉を想起します。

身心に、法いまだ参飽《さんぽう》せざる（十分に行き届いていない場合）には、法すでにたれりとおぼゆ。法もし身心に充足すれば、ひとかたはたらずとおぼゆるなり。（『正法眼蔵』「現成公案」、『道元禅師全集』第一巻、四頁）

仏法を深く了解しあるいは体得すればするほど、「ひとかたはたらず」との思いのうちに、おのずから修行していくと言っています。このことを浄土教において考えたとき、たとえば阿弥陀仏の救いに出会えたなら、報恩の心を抑えることはできず、その心に沿ってはたらくことになるのではないでしょうか。親鸞は、「如来大悲の恩徳《おんどく》は、身を粉《こ》にしても報ずべし、師主知識の恩徳も、ほねをくだきても謝すべし」〔恩徳讃〕（『浄土真宗聖典――註釈版』、本願寺出版部、一九八八年、六一〇頁）と言っています。その報恩・報謝の道のなかに、可能な範囲で仏道に沿った生き方（十善戒・六波羅蜜・四無量心など）を修することも、おそらくは真摯に志向されることでしょう。ここにおいて、仏典に説かれているあらゆる修行方法（三十七菩提分法など）も、生きてくるわけです。唯識説が説く、五位の修行も生きてくるわけです。しかもそれらの修行といわれるもののすべては事実上、自力を手放し、自力を放下する道にほかなりません。

絶対他力の道から絶対主体の自己がはたらき出す

このあたりのことについて、本来、親鸞に対してほとんど絶対の信頼を抱いていた西田幾多郎は、次のように説いています。

> 親鸞の自然法爾という如きことは、西洋思想に於て考えられる自然ということではない。……それには事に当って己を尽すということが含まれていなければならない。そこには無限の努力が包まれていなければならない。唯《ただ》なるがままということではない。しかし自己の努力そのものが自己のものではないと知ることである。自ら然らしめるものがあるということである。……宗教的体験の立場からは、我々の道徳的行為は義務の為の義務というよりも、寧ろ知本報恩《ちほんほうおん》となるのである。親鸞の自然法爾というのは、深く此意に徹したものでなければならない。
>
> (「日本文化の問題」、『西田幾多郎全集』〔旧版〕第十二巻、岩波書店、三六九～三七〇頁)

自己のいのちが自己を超えるものに支えられていることの自覚から、報恩に生きるべく、なすべきこと（当為）に全力で取り組むことになる、そこには「自ら然らしめるものがある」、それこそが自然法爾の世界なのであって、ただ漫然と過ごすことではありえない、と言っています。

さらに、次のようにも説いています。

我々の自己が絶対愛に包まれるということから、真に我々の自己の心の底から当為というものが出て来るのである。……仏教的に、仏の悲願の世界から、我々の自己の真の当為が出て来ると考えるものである。絶対愛の世界は互に鞫《さば》く世界ではない。互に相敬愛し、自他一となって創造する世界である。この立場に於ては、すべての価値は創造的立場から考えられるのである。創造はいつも愛からでなければならない。愛なくして創造というものはないのである。念仏の行者は非行非善的である。ひとえに他力にして自力を離れたる故にという。自然法爾ということは、創造的でなければならない。我々の自己が創造的世界の創造的要素として、絶対現在の自己限定として働くということでなければならない。キリスト教的に言えば、神の決断即ち人間の決断的に、終末論的ということである。無難禅師は生きながら死人となりてなり果てて心のままにする業《わざ》ぞよきと言う。かかる立場に於て、我々の自己は絶対現在の自己限定として、真に歴史的世界創造的であるのである。（「場所的論理と宗教的世界観」、『西田幾多郎全集』〔旧版〕第十一巻、岩波書店、四三六〜四三七頁）

ややむずかしい表現もありましたが、宗教の世界では、自我を手放すことにおいて、その場の状況のなかで、自己を超えて自己を支えているものの意を汲み取って、創造的に生きることが展開されていくと言っています。このように、絶対他力の道からも、いわば絶対主体の自己がはたらき出す理路を明瞭に明かしています。ある言い方をすれば、他力の道にあって、他力をこうむるがゆえに、修行の世界も出て来るということです。

ですから、単純に自力聖道門と他力浄土門と分類する二分法にとどまるなら、宗教の世界の事柄の真実に届き得ないでしょう。自力の道も他力であり、他力の道にも自ならぬ自力がありえるのです。「元来、自力的宗教というものがあるべきでない。それこそ矛盾概念である」（同前、四一一頁）という西田幾多郎の言葉を、よく理解すべきだと思うのです。

いずれにせよ、私は大乗仏教の根本を、本章の最初のほうに掲げた『華厳経』「性起品」のかの一節に見ています。すべてはそこから派生していると思うのです。それを一言で言えば、「初めに大悲ありき」（秋月龍珉）ということになるでしょう。

自己は自己のみにおいて成立しているのではない

最後に、こうした禅や浄土の教えに照らして、仏教のいわば正統的な生死輪廻の教説をどう受け止めればよいのか、考えてみたいと思います。

まず、生死輪廻があると信じられる場合、そうなると、来世以降に悪趣に堕ちないよう、諸の苦しみからの解脱に近づけるよう、考えることになるでしょう。もちろん、大乗仏教の教えに出会って、他者の苦しみの問題も自己の問題にほかならないとうなずけて、自未得度先度他《じみとくどせんどた》の心を起こせたら、その第一義のためにこそ、上求菩提《じょうぐぼだい》の思いも確かなものとなることでしょう。その場合、ともかくこの世においては、仏教の教えに基づいて、自分なりに信じる仏道を歩むのみということになるかと思われます。

浄土教の場合でも、死後、極楽浄土に往生できるとの救いを説くのですから、その背景に生死輪廻を前提としています。もしかして、なかには生死輪廻は信じられないが、浄土往生は信じるという人もけっこういるのかもしれません。しかしその場合も、死後の世界を認めていることに変わりはありません。いずれにせよ、浄土教では、阿弥陀仏が自分の浄土に引き取ってくださるというのですから、その願にまかせていればよいのでしょう。

では、生死輪廻を認めることができない場合、仏道にはどういう意味があるのでしょうか。

特に浄土教には、往生ということもないことになってしまいますので、それになお意味はあるのでしょうか。

しかしたとえば、『日本的霊性』を著し、法然－親鸞の浄土教において、この身このままの救いが成就することを指摘した鈴木大拙は、次のように説いています。

親鸞は罪業からの解脱を説かぬ、即ち因果の繋縛《けばく》からの自由を説かぬ。それはこの存在――現世的・相関的・業苦《ごっく》的存在をそのままにして、弥陀の絶対的本願力のはたらきに一切をまかせると言うのである。そうしてここに弥陀なる絶対者と親鸞一人《いちにん》との関係を体認するのである。絶対者の大悲は、善悪是非を超越するのであるから、此方《こなた》からの小さき思量、小さき善悪の行為などでは、それに到達すべくもないのである。只この身の所有と考えられるあらゆるものを、捨てようとも、留保しようとも思わず、自然法爾にして大悲の光被を受けるのである。これが日本的霊性の上における神ながらの自覚に外ならぬのである。シナの仏教は因果を出で得ず、印度の仏教は但《たん》空《くう》の淵に沈んだ。日本的霊性のみが、因果を破壊せず、現世の存在を滅絶せずに、しかも弥陀の光をして一切をそのままに包被《ほうひ》せしめたのである。これは日本的霊性にして始めて可能であった。（『鈴木大拙全集』〔旧版〕第八巻、岩波書店、一〇六頁）

ここに、「そうしてここに弥陀なる絶対者と親鸞一人《いちにん》との関係を体認するのである」とあります。自己は、今・此処において、阿弥陀仏につつまれ、支えられ、生かされていたとの自覚がもたらされるというのです。このことは、自己が自己のみにおいて成立しているのではなく、自己を超えたものにおいて成立していることの了解がもたらされるということです。ここにまさに、自己とは何か、自己のありかの了解があります。この自覚において、浄土往生以前に大いなる救いがあることになります。こうして、来世があろうがなかろうが、自己のいのちの真実を知るということにおいて、宗教的問題（実存的苦悩）の解決があります。

「自己の底に自己を越えたものにおいて自己を有《も》つ」

関連して、西田幾多郎は、禅に説かれる一つの覚り、「見性《けんしょう》」ということをめぐって、「場所的論理と宗教的世界観」に次のように説いています。

我国文化が多大の影響を受けたと思われる禅については、その道の人に譲りたい。私は、唯、禅に対する世人の誤解について一言して置きたいと思う。禅というのは、多くの人の考える如き神秘主義ではない。見性ということは、深く我々の自己の根柢に徹することである。我々の自己は絶対者の自己否定として成立するのである。絶対的一者の自己否定的に、即ち個物的多として、我々の自己が成立するのである。故に我々の自己は根柢的には自己矛盾的存在である。自己が自己自身を知る自覚ということその事が、自己矛盾である。故に我々の自己は、どこまでも自己の底に自己を越えたものにおいて自己を有《も》つ、自己否定において自己自身を肯定するのである。かかる矛盾的自己同一の根柢に徹することを、見性というのである。そこには、深く背理の理というものが把握せられなければならない。禅宗にて公案というものは、これを会得せしむる手段に他ならない。〈『西田幾多郎全集』〔旧版〕第十一巻、四四五～四四六頁〉

西田は、禅の覚り体験は、けっして絶対者と合一するというような神秘体験ではない、と言います。西田の宗教哲学の核心に、絶対者が自らを否定して、相対（個物的多）に翻り、そのことにおいて多としての個物（人々）を成立せしめているという理解があります。そこに我々は、「自己の底に自己を越えたものにおいて自己を有《も》つ」ような存在であるということになります。参禅修行であれ、浄土教の聴聞修行であれ、あるいは広く仏教の経論に学んでであれ、自己は自己のみにおいて成立していたのではなく、「自己の底に自己を越えたものにおいて自己を有《も》つ」ことを自覚し得た時、そこに自己のありかを見出し、自己とは何かの了解、すなわち宗教的な安心を得て、報恩・報謝の人生が開けることでしょう。ましてこのことを自覚したなら、自己の現状に「ひとかたはたらず」と思うということにもなるはずです。

たとえ、浄土教に依るのではなく、いわゆる自力聖道門のいずれかの仏道に進むとしても、仏の説法（教え）に出会うなかで、無我にして縁起のなかに生かされている自己のありようを教えられ、実際に自在に救済活動を行っている仏のお姿の描写に出会うことによって自己の使命を教えられ、他者の苦しみに沈む姿を見て自未得度先度他の思いを抱き、この世のうちにおいても仏道に示された生き方を学ぼう（まねよう）と発菩提心するとき、やはりそこに、実存的苦悩の解決、宗教的問題の解決があるでしょう。要は、自力といえどもその信解と修行は、他力において運ばれていくのです。

こうして、生死輪廻が有ろうがなかろうが、仏教に照らして、自己のありかと意味とが悟られてきます。とすれば、死後の世界などないと見るのが一般的な現代においても、仏教にはこの深い大きな意味があると言えることでしょう。

不生の自己を生きる

『華厳経』では、「初発心時、便成正覚」とありました。初めて菩提心を発したときに、すなわち正覚を成就する、つまり成仏するというのでした。それは、時に関して、じつは過去や未来は存在せず、現在のみしかありえず、その現在に過去や未来が含まれていて、未来が現在に浸透しているからでもありましょう。浄土教では、ここを即得往生、現世往生などとも言います。

それはともかく、すべては現在にあり、その現在も、「過去心不可得。現在心不可得。未来心不可得」(『金剛般若経』、大正八巻、七五一頁中。等)で、じつは得られるものではありません。その現在に徹した姿が、盤珪のいう「不生」の世界です。盤珪はその不生に徹すれば、活如来である、とも言うのです。と同時に、盤珪は不生を習うということも言っています。そこに本来の自己の自覚に発する生き方の展開があります。

天国での永遠の生を謳う宗教もありますが、仏教は、死に対する生を直線的な時間上、永遠に延ばすことにおいて永遠の生を得るのではなく、即今・此処で、生死の対立以前の不生(ゆえに不滅)を自覚するところに、永遠の生を見出すのです。

唯識思想の五位百法のなかの煩悩の心所に、悪見があり、そのなかの一つに辺見もしくは辺執見《へんじっけん》が有りました。これは、有・無、常・断など、二元対立の見解の一方を固定的に執着するものですが、死後にも自己は存続すると見る(常見)のも、死後に自己は無くなると見る（断見）のも、悪見であって、正しくないといいます。ではどう見るのが良いのでしょうか。

実体的な自己として存続するのではないが、現象的自己（刹那滅の阿頼耶識などの相続）の存続はあると見るのは、一つの解答かもしれません。

しかしおそらく、自己を対象化して、それについて、常・断と考えるところに、根本的な誤りがあるのでしょう。対象化された自己ではない、主体そのものとしての自己に立つとき、不生の自己を生きることになり、生死を超え、根源的な解脱を自覚することになるのだと思われます。


以上、私なりに今日における仏教の意味について、思うところを述べてみました。

仏教は生死輪廻を前提とし、そのくりかえしの人生における長遠の修行を説いていることは事実です。それは、仏道の一つの標準になっています。そこに人間の我執・法執という、否定することのできない事実の指摘や、その問題が解決された姿（菩提・涅槃）とその解決方法（修行）の教説には、多くの重要な視点を学ぶことができるでしょう。

と同時に、さまざまな仏教の教えのいずれかに、自己のありかと意味とを了解できたとき、その即今《いま》・此処《ここ》・自己において、宗教の根本的な問題は解決され、生死輪廻があろうとなかろうと、大いなる安心にひたるとともに、「ひとかたはたらず」の思いのうちに、かつ自未得度先度他の活動に、具体的には、十善戒・六波羅蜜・四無量心のような生き方の目安のもとに、その人なりに励むことになるのだと思われるのです。

そんなふうに、私は思っています。

あとがき

今日の国際社会には、人間存在にとってのさまざまな深刻な危機が到来している、と思わずにはいられません。ロシア対ウクライナ、イスラエル対パレスチナなどにおける烈しい戦争はどうにも出口が見えていません。その他のさまざまな国においても、国民の間の激しい分断が露呈しています。

地球の環境問題も、海洋における熱の蓄積などに基づく気候変動に露わなように、もはや限界を超えていて、後戻りは不可能なほどです。地球規模の温暖化は、一年のなか清涼で爽やかな時節をひじょうに少なくし、またとれる魚や農作物などの変化をもたらし、産業や国民生活に大きな影響を与えています。

科学の発展は人類に豊かさと幸福をもたらすと思われていたのに、必ずしもそうとばかりは言えないようです。特に最近は、人工知能（ＡＩ）が急速に発達して、人間が考えるべきことの多くをＡＩのほうで処理してくれるようになっています。今やＡＩが人間の知性を超えるのも、そう遠くないと推察されてきています。ＡＩは身体を持たない人間のようなもので、これを人型ロボットに組み入れたら、そのような人間を超える機械人間と、生身の人間とは、どのように共存すればよいのでしょうか。

今日、地球社会はあまりにも混迷を深くしていて、若い世代の人びとは今後この時代をどのように生きていくのか、私には想像もつかないほどです。


このような状況のなかで、この世に生まれた自分にはどういう意味があるのか、やがて真剣に考えなければならなくなってくることでしょう。自分にはどのような未来があるのか、いや、どのような未来を作っていくべきなのか、おのおのが真剣に考えていくべき時代になっていると思われます。

そうしたなか、人間が生きるということの根本的な意味は、どんなに時代が変わっても、変わるものではないに違いありません。だとすれば、今日かえって哲学・文学・芸術などの古典に学ぶことの重要性が増しているはずです。人文学という分野を、けっしてないがしろにすべきではないのです。時代の変化の行く末を見究めるためにも、人間にとっていつの世にも変わることのない、いのちの意味を、ここでもう一度、自覚し直すべきでしょう。

まして宗教においては、まさに自己の存在の深い意味が解き明かされています。とすれば、そうした古人の体験と思索に自己の意味を尋ねてみるべきではないでしょうか。たとえば東洋全域に広まった仏教には、底知れない智慧が積み上げられています。その智慧に、自己のありかと意味を尋ねない法はないでしょう。

私は、長年、仏教を勉強して来ました。まだ若いと思っていたのに、いつの間にかもはや七十代後半に入ってしまいました。にもかかわらず、私の仏教研究もまだまだ限られた範囲においてしかできていません。ただ、そうしたなかでも、仏教に出会って、本当に良かったと思っています。というのも、大乗仏教の教えには、ふつうに思い込んでいる自我やものを解体し、いのちの根源に誘う力があるからです。世間的な見方のみによる自己了解よりも、もっと深い自己理解がもたらされると思うからです。

そのような次第で、私はまだまだ浅学ながらも、もはや老境に入った現時点において、大乗仏教とはどのような思想なのか、私が学んだところを広く現代を生きる皆さんに紹介したいと思ったのでした。そのなかに語られているさまざまな思想に、自己の本質を尋ねていただけたらと思うのです。

宗教は、「己事究明」の道だと私は思っております。仏教の教え（言葉）のなかに、自己を問うことによって、自己と世界のより根源的な意味を自覚できると思うのです。

なお、日本の仏教は多くの宗派に分かれていますが、本書ではそれぞれの宗派の背景にある共通の世界観を明らかにするように努めてみました。それぞれの宗派には、救いの極意のような核心が、簡潔な信・行に集約されて明かされています。しかしその背景には、いのちと世界に対する広汎な探究がひかえているのです。それらを知ることによって、各宗の極意の意味もより深く了解されてくることと思うのです。

ですから、本書は、「入門」であると同時に、仏教の教え全体の、その奥の領域にも目を開かせてもらえるものともなることと思っております。

もちろん、これらの思想を知ったからといって、直ちに現代社会のさまざまな問題に解決の道をもたらしてくれるわけでもないとは思います。しかし問題の根本に目を向けた時、そこから問題のありかも見えてきて、あるべき社会のあり方を地道に追求していくことはできると思います。逆に根本をないがしろにして、小手先だけで現代の諸問題に対処しとりつくろうのみでは、問題を後世に先送りするだけで、かえって混迷の度合いはますます深まることと思われます。その意味で、究極の古典の智慧ともいうべき仏教の思想を、まずは知的に学んでみることは、大きな意義を持っていると思うのです。

最後に、本書の刊行に際して、たいへんご尽力してくださった講談社現代新書編集部の所澤淳氏に、心より御礼申し上げます。

令和六年十一月二十三日

つくば市・故道庵にて
竹村　牧男

N.D.C. 181.02　317p　18cm
ISBN978-4-06-538358-2

講談社現代新書　2764

はじめての大乗仏教《だいじょうぶっきょう》

二〇二五年一月二〇日第一刷発行

著者　竹村牧男《たけむらまきお》　

発行者　篠木和久
発行所　株式会社講談社
東京都文京区音羽二丁目一二—二一　郵便番号一一二—八〇〇一
電話　〇三—五三九五—三五二一　編集（現代新書）
〇三—五三九五—五八一七　販売
〇三—五三九五—三六一五　業務
装幀者　中島英樹／中島デザイン
印刷所　株式会社ＫＰＳプロダクツ
製本所　株式会社国宝社
本文データ制作　講談社デジタル製作
定価はカバーに表示してあります　Printed in Japan

「講談社現代新書」の刊行にあたって

教養は万人が身をもって養い創造すべきものであって、一部の専門家の占有物として、ただ一方的に人々の手もとに配布され伝達されうるものではありません。

しかし、不幸にしてわが国の現状では、教養の重要な養いとなるべき書物は、ほとんど講壇からの天下りや単なる解説に終始し、知識技術を真剣に希求する青少年・学生・一般民衆の根本的な疑問や興味は、けっして十分に答えられ、解きほぐされ、手引きされることがありません。万人の内奥から発した真正の教養への芽ばえが、こうして放置され、むなしく滅びさる運命にゆだねられているのです。

このことは、中・高校だけで教育をおわる人々の成長をはばんでいるだけでなく、大学に進んだり、インテリと目されたりする人々の精神力の健康さえもむしばみ、わが国の文化の実質をまことに脆弱なものにしています。単なる博識以上の根強い思索力・判断力、および確かな技術にささえられた教養を必要とする日本の将来にとって、これは真剣に憂慮されなければならない事態であるといわなければなりません。

わたしたちの「講談社現代新書」は、この事態の克服を意図して計画されたものです。これによってわたしたちは、講壇からの天下りでもなく、単なる解説書でもない、もっぱら万人の魂に生ずる初発的かつ根本的な問題をとらえ、掘り起こし、手引きし、しかも最新の知識への展望を万人に確立させる書物を、新しく世の中に送り出したいと念願しています。

わたしたちは、創業以来民衆を対象とする啓蒙の仕事に専心してきた講談社にとって、これこそもっともふさわしい課題であり、伝統ある出版社としての義務でもあると考えているのです。

一九六四年四月　野間省一